Der lange Abschied vom Bürgertum

Der lange Abschied vom Bürgertum

Joachim Fest und
Wolf Jobst Siedler
im Gespräch
mit Frank A. Meyer

wjs

Vorwort

Frank A. Meyer

Gibt es noch ordentliche Bürgerlichkeit? Den Bürger mit Manieren und Krawatte? Die hierarchisch-harmonisch gegliederte Gesellschaft, wie sie das Symphonieorchester verkörpert? Gibt es noch Manieren, Stil und Ordnung? In der modernen Gesellschaft sind dies keine auffälligen Eigenschaften mehr. Hat das Bürgertum abgedankt?

Vielleicht ist Bürgerlichkeit ja noch etwas anderes als ihr klassisches Erscheinungsbild. Jedenfalls ist der Citoyen mehr als das. Er unterscheidet sich vom Bourgeois durch seinen aktiven Bürgersinn: Er engagiert sich übers Private hinaus für den Lauf der gesellschaftlichen Dinge. Bildungsbürgerlich formuliert, für die »res publica«.

Und es gibt sie noch: die Citoyenne und den Citoyen. Die erste dauerhafte deutsche Demokratie lebt von den Frauen und Männern, die sich ums öffentliche Wohl bemühen, in der Zivilgesellschaft wie in der Politik. Dieser zweite demokratische Versuch auf deutschen Boden ist gelungen. Denn für ihn setzen sich genügend Citoyens aus allen sozialen Schichten ein – anders als einst für die Weimarer Republik.

Gesichert ist Demokratie nie, in Deutschland nicht und auch nicht anderswo. Autoritäre Herausforderungen allerdings sind nur gefährlich, wenn sie von den Bürgern übersehen oder verdrängt werden. Eine solche Gefährdung aber geht gerade um in Europa: der Ultraliberalismus, gängig auch Neoliberalismus.

Diese aggressive Form des Liberalismus predigt den Abbau des Staates: die Substitution des Staates durch die Wirtschaft. Der Markt ist der neue Weltgeist. Er steuert Geschicke und Geschichte. Er bestraft und belohnt, Menschen wie Nationen.

Der Markt als Gott des 21. Jahrhunderts verheißt die Aufhebung des Staates, das Ende der Geschichte, das Gelobte Land. Wie einst Marx. Nur umgekehrt. Marktismus statt Marxismus.

Gegen diese letztlich totalitäre Utopie steht der demokratische Rechtsstaat als größte Errungenschaft des Bürgertums. Und noch steht er in Europa stark und stolz und auch sozial, von keinem anderen System übertroffen, aber immer wieder gefährdet, bekämpft, beseitigt durch Usurpatoren von links und rechts: durch kommunistische Parteien und faschistische Führer.

Massiv bedrängt wird die bürgerliche Demokratie – und eine andere haben wir nicht! – durch den totalen Ökonomismus: durch das Primat der autoritären Wirtschaft statt des Primats der demokratisch bestimmten Politik; durch Aktionärsdemokratie statt *one man, one vote*. Der Staat soll allenfalls noch für die Kollateralschäden des neuen Menschheitsexperiments zuständig sein.

Es ist eine machtvolle antibürgerliche Offensive im Gang: gegen die demokratische Teilhabe des Citoyens am gesellschaftlichen Geschehen; gegen den Staat als Ort der Verwirklichung eines gemeinsamen bürgerlichen Willens; gegen die zutiefst bürgerliche Überzeugung, daß alles Geschehen durch Menschen zu regeln, zu verändern, zu gestalten ist.

Ja, die säkulare Religion des Neoliberalismus zielt mit ihrem Markt-Mantra auf die Entmündigung der Bürgerschaft. Und so ist das Bürgertum herausgefordert wie seit Jahrzehnten nicht mehr. Wer merkt es? Der Bourgeois? Der Citoyen!

Der nachstehende Text basiert auf zwei Gesprächen, die im Sommer 2005 aufgezeichnet und nur geringfügig überarbeitet wurden.

Im Gespräch: Wolf Jobst Siedler, Frank A. Meyer, Joachim Fest

Frank A Meyer Wolf Jobst Siedler, Sie sollen einmal eine Wette abgeschlossen haben, daß wir in einem bestimmten Zeitraum auf dem Kurfürstendamm keinem Herrn mit Krawatte begegnen würden. Damit meinten Sie das Verschwinden des Bürgertums. Ist der bürgerliche Mensch festzustellen an der Krawatte?

Wolf Jobst Siedler Nein, selbstverständlich nicht. Außerdem ist zu sagen, daß das natürlich ein Sonderfall Berlins war. Wäre ich über die Maximilianstraße in München, über die Königsallee in Düsseldorf oder über den Jungfernstieg in Hamburg gegangen, hätte sicherlich die Krawatten-Welt das Gesicht der Boulevards geprägt. Meine Wette, die ich übrigens gewonnen habe, handelte von der besonderen Form der Entbürgerlichung Berlins.

Frank A. Meyer Ich trage jetzt auch keine Krawatte, halte mich aber für einen bürgerlichen Menschen.

Wolf Jobst Siedler Es geht im Grunde nicht um Kleidervorschriften, sondern um die Entbürgerlichung einer Gesellschaft. Die Gesellschaft Berlins ist eine amorphe Gesellschaft, die kein Bürgertum und kein Kleinbürgertum kennt, selbst die Arbeiterwelt ist nicht mehr erkennbar. Vieles aus der Literatur ist deshalb nicht mehr verständlich: Die Welt Fontanes ist ebenso verschwunden wie die Welt von Döblins »Berlin Alexanderplatz«.

Frank A. Meyer Die Klassen lösen sich also auf. Sie haben aber auch gesagt, das Bürgertum, das es einmal gab, gäbe es nicht mehr. Wie definieren Sie denn nun den bürgerlichen Menschen?

Wolf Jobst Siedler Daß er sich auf einen bestimmten Kanon von bürgerlichen Werten bezieht. Ohne diese Werte kann man eigentlich nicht von Bürgertum sprechen. Und das gehört eben zur Tragödie des Dritten Reiches, daß es eine ganze Gesellschaft zum Verschwinden gebracht hat.

Frank A. Meyer Herr Fest, was sind die wichtigsten bürgerlichen Tugenden?

Joachim Fest Dolf Sternberger hat mir einmal gesagt, er habe bei Aristoteles nachgelesen, was den idealen Bürger einer Polis kennzeichne: Was muß ein Stadtbürger, wie es ihn damals gab, an Werten und Tugenden besitzen, um ein angesehenes, geachtetes Mitglied der Gesellschaft zu sein? Sternberger hat dann alle Begriffe, die bei Aristoteles auftauchen, zusammengestellt und den Schluß gezogen, daß das Resultat das ziemlich genaue Bild eines Bürgers sei, wie ihn das 18. und 19. Jahrhundert sich geträumt habe – der Traum vom Citoyen wohlgemerkt, nicht vom Bourgeois.

Frank A. Meyer   Können Sie einige zentrale Citoyen-Tugenden nennen?

Joachim Fest   Zuverlässigkeit, Gesetzestreue, Pflichtbewußtsein und was man geradezu als den Inbegriff bürgerlicher Tugenden bezeichnet – Staatsernst, wie Sternberger das mit Liebe nannte, also die Auffassung, daß es zu den Verrichtungen eines vollständigen Lebens gehöre, ein guter Staatsbürger zu sein. All das hat Sternberger bei Aristoteles gefunden und gesagt: Das ist der bürgerliche Mensch, so sollte er auch unter modernen Verhältnissen ungefähr aussehen.

Frank A. Meyer   Nun ist aber der bürgerliche Mensch erst dann ein guter Staatsbürger, wenn er seine Staatsbürgerschaft demokratisch definiert. Die Demokratie gehört ja zwingend zur politischen Tugend des Bürgertums.

Joachim Fest   Ja, sie gehörte auch in der Antike natürlich dazu, obwohl es eine andere Form der Demokratie war, sie hatte nicht die Teilung der Gewalten, sie hatte natürlich auch Sklaven, und das Wahlrecht war nur einer privilegierten Minderheit vorbehalten. Es war keine Demokratie im heutigen Sinne, aber immerhin war es die Selbstbestimmung des Bürgertums.

Frank A. Meyer Das Bürgertum steht als gesellschaftliche Klasse des Aufklärungsjahrhunderts für die Durchsetzung der modernen Demokratie.

Joachim Fest Sollte es, tut es aber nicht.

Wolf Jobst Siedler Wenn wir Deutschland nehmen, gab es natürlich eine bürgerliche Welt jenseits der demokratischen Revolution. Man darf wohl das Bürgerliche nicht zu schnell mit dem Demokratischen identifizieren.

Frank A. Meyer Ist das nicht ein Phänomen des deutschen Bürgerlichen? Ich habe einmal den provokativen Satz geschrieben, das deutsche Bürgertum sei das verunglückte Bürgertums Europas.

Joachim Fest Das ist wirklich ein sehr kühner Satz, und die Provokation, die Sie da im Auge hatten, ist Ihnen in meinem Falle jedenfalls gelungen. Das deutsche Bürgertum ist keineswegs verunglückt. Ist das französische Bürgertum denn wirklich so citoyenesque, so freiheitsbewußt und freiheitsliebend, wie es Ihre Worte suggerieren? Ich würde sagen, eine Ausnahme gibt es: die Engländer. Bei den Engländern scheint diese freiheitlich-demokratische Macht zu herrschen, die England seinen Institu-

tionen verliehen hat. Das schafft ein anderes Bürger-Ge-
fühl – was natürlich auch mit der Insellage zu tun hat.
Aber die französischen Citoyens sind genauso spießig
wie die italienischen, die deutschen, die schweizeri-
schen oder die österreichischen, um nur ein paar Natio-
nalitäten zu nennen.

Frank A. Meyer Sie reden mit einem Schweizer – 1848 ist
einem Bürgertum die Revolution gelungen: dem schwei-
zerischen. Die Schweiz war ja dann auch die Nation der
Flüchtlinge, die insbesondere aus Deutschland kamen.
Also uns, meinen Vorfahren, wenn ich das so sagen darf,
ist etwas gelungen, was in Deutschland mißlungen ist
durch die Spaltung der Demokraten in der Paulskirche.

Joachim Fest Ja, aber Sie sprechen jetzt von der politischen
Wirkung und dem politischen Einfluß. Das Bürgertum
als Kulturphänomen ist überhaupt nicht mißlungen. Ich
würde fast sagen, das deutsche Bürgertum hat auch in
dem, was es im 19. Jahrhundert geleistet hat, eine ganz
herausragende Rolle gespielt.

Wolf Jobst Siedler Die Grenzen zwischen Bürgertum und
Aristokratie sind ursprünglich übrigens sehr fließend.
In den Salons der Romantik verkehren Adlige und Bür-
gerliche gleicherweise, die Scheidung späterer Zeit gibt
es noch nicht. Auch das Judentum hat seinen festen
Platz darin, wie an den Gästen der Salons deutlich wird:
Henriette Herz, die später Varnhagen von Ense heira-
tete, und Dorothea Veith laden ganz selbstverständlich

Adlige in ihre Etagenwohnungen ein, und mitunter sind sogar Mitglieder des Königshauses in der Runde. So zum Beispiel Prinz Louis Ferdinand. Man könnte sagen, das sei die glücklichste Zeit des deutschen Bürgertums gewesen, das noch keine strengen Scheidungen kannte, im wesentlichen also die Epoche des späten 18. oder frühen 19. Jahrhunderts.

Frank A. Meyer Ich lasse nicht ab von dem Knochen: Vollendung der bürgerlichen Revolution ist doch das Installieren des Bürgertums als herrschende demokratische Kraft der Nation.

Wolf Jobst Siedler Was sagen Sie dann zum deutschen Bürgertum zwischen 1875 und 1918? Die deutsche Revolution war mißlungen, aber das deutsche Bürgertum kam auf seinen Höhepunkt.

Frank A. Meyer Ich sage, daß das deutsche Bürgertum jenes Zeitabschnitts, von außen gesehen, einen ganz bedauerlichen Mangel hatte: Es erbrachte zwar eine gewaltige Leistung in der Wissenschaft, in der Wirtschaft und in der Kultur, aber politisch setzte es sich nicht durch, im Gegenteil, es machte den Kotau vor der miefigen wilhelminischen Militär- und Bürokratenmonarchie. Der Schweizer Freisinn war an der Macht. Das ist der fundamentale Unterschied.

Joachim Fest Das deutsche Bürgertum hat seine ganz große Leistung im Privaten erbracht, das haben Sie jetzt weggelassen. Die private Welt ist mir mindestens so wichtig wie die politische.

Frank A. Meyer Können Sie das guten Gewissens sagen, Joachim Fest, der Sie nun wirklich ein Spezialist sind für den Untergang der ersten deutschen Demokratie?

Joachim Fest Ja, das sage ich. Die erste deutsche Demokratie war eben auch nicht mehr bürgerlich. Das Scheitern hat viele Gründe, aber zu den Gründen des Scheiterns gehört die Radikalisierung auf der Rechten wie auf der Linken, und das bißchen Demokratie, das da war, oder der Republikanismus, wie wir eigentlich sagen müssen, der wurde in der Mitte allmählich zerdrückt.

Frank A. Meyer Ich will gar nicht negieren, was Sie, völlig zu Recht, mit der gewaltigen gesellschaftlichen Leistung neben der politischen meinen, aber, Wolf Jobst Siedler, müssen wir nicht früher beginnen mit dem Scheitern der ersten deutschen Demokratie? Das Bürgertum hat doch 1871 eigentlich die Demokratie verraten, um die Nation zu bekommen. Das war doch ein anderer Weg als ihn – ich nehme jetzt mal nicht die Schweiz – die Franzosen gegangen sind. Ich suche nach den Gründen dafür, daß sich das deutsche Bürgertum so lange in einer unterworfenen politischen Situation befunden hat.

Wolf Jobst Siedler Wir sprechen vielleicht zu einfach von dem deutschen Bürgertum. Galt das auch für das hanseatische Bürgertum, für Lübeck, für Hamburg und Bre-

men, galt es für die süd-, west und ostdeutschen Hansestädte, für Köln oder Augsburg, Nürnberg oder Danzig?
Ist das Bürgertum dort nicht intakt geblieben? Reduzie-
ren Sie Ihre Sicht nicht allzusehr auf das Bürgertum einer von der Monarchie bestimmten Gesellschaft, also
das wilhelminische und das preußische Bürgertum? Ich
glaube, die Lübecker oder Bremer Bürger unterschieden
sich wenig von dem französischen Bürgertum.

Frank A. Meyer   Was sind denn die Gründe dafür, daß in der
Weimarer Republik die bürgerlichen Kräfte sich so wenig
mit der demokratischen Verfassung identifizierten? Die
bürgerlichen Parteien trugen doch eine ganz große Verantwortung, daß diese Demokratie nicht funktionierte.

Wolf Jobst Siedler   Nein, nein! Das würde ich nicht sagen,
Widerspruch!

Joachim Fest   Ich widerspreche auch.

Frank A. Meyer   Sie protestieren beide. Da muß ich ja etwas
Schreckliches behauptet haben!

Wolf Jobst Siedler   Die deutsche Demokratie ist an allem
Möglichen gescheitert, aber nicht an der bürgerlichen
Welt. Das Bürgertum spielte in den entscheidenden Jahren gar keine Rolle mehr, es sei denn, in seiner klein-
bürgerlichen Variante, weshalb man auch die Nazi-Re-
volution eine »Revolution des Plüschsofas« genannt hat.
Die letzten Jahre vor 1933 waren eher von der Radikalisie-

rung der Flügel gekennzeichnet, der Kommunisten auf der einen und der Nationalsozialisten auf der anderen Seite, beides keine Bürger. Das Bürgertum war relativ intakt geblieben, auch parteipolitisch gesehen.

Frank A. Meyer Ich benutze noch einmal den Begriff des Citoyen. Mir scheint, sogar wenn ich Joachim Fest lese, daß es dem Citoyen an einer demokratischen Kraft gefehlt hat. Nehmen wir ein Ereignis wie den Kapp-Putsch 1920: Da gab es nur die Linksliberalen, die neben den Sozialdemokraten für die Demokratie einstanden.

Joachim Fest Das stimmt nicht. Der Kapp-Putsch ist auch gescheitert am Beamtenapparat. Der hat gesagt: Wir machen nicht mit.

Frank A. Meyer Er ist auch am Generalstreik gescheitert.

Joachim Fest Sicher, aber vor allem haben die Beamten gestreikt. Sie dürfen nicht eine ganze gesellschaftliche Gruppe unterschlagen. Die Beamtenschaft war genauso wichtig wie die Arbeiter; auf die Arbeiter hätten die Putschisten geschossen, auf die Beamten konnten sie nicht schießen.

Frank A. Meyer Es ist auch interessant, daß die Kommunisten zunächst nicht mitmachten beim Generalstreik. Über diese Verantwortung für den Niedergang der Weimarer Republik wäre ja auch noch zu reden, aber wir reden jetzt über das Bürgertum. Sie verteidigen es hart-

Walther Rathenau war der Sohn des Gründers und Eigentümers der »Allgemeinen Elektrizitäts-Gesellschaft« (AEG), aber seine Leidenschaft gehörte nicht dem ererbten Konzern, sondern der Literatur und der Politik. Als Reichsaußenminister wollte er das Deutsche Reich nach der Niederlage im Ersten Weltkrieg wieder zu einem Faktor der europäischen und internationalen Politik machen und galt als Weichensteller einer deutsch-russischen Aussöhnungspolitik. Nicht zuletzt wegen seiner jüdischen Herkunft geriet er jedoch schnell in den Fokus der antisemitischen Rechten in der Weimarer Republik und wurde 1922 ermordet.

näckig. Gibt es denn eine Selbstkritik? Fehlte es etwa an Citoyens, die wirklich kämpferisch waren, wie beispielsweise Thomas Mann, der sich in den zwanziger Jahren immer weiter zu einem solchen Citoyen entwickelt hat?

Joachim Fest Ich habe da meine Zweifel. Er ist in den frühen zwanziger Jahren immer noch der Autor der »Betrachtungen eines Unpolitischen« von 1918; diese Betrachtungen sind so antidemokratisch, so antirepublikanisch ...

Wolf Jobst Siedler ... sagen wir so anti-citoyen. Außerdem darf man nicht vergessen, daß diese Wandlung Thomas Manns sozusagen post festum erfolgt. Die ersten Tagebucheintragungen aus dem Jahre 1918 oder 1919 beharren noch auf jenem Bürgertum, das sich unter dem Kaiserreich herausgebildet hatte. Den Citoyen-Bürger, wie er ihn in der Gestalt seines Bruders Heinrich Mann sieht, den er polemisch »Zivilisationsliterat« nennt, betrachtet er durchaus ironisch. Die Wandlung zum Verteidiger der Republik erfolgt erst in den frühen zwanziger Jahren, wo er der bürgerliche Repräsentant wird.

Joachim Fest Thomas Mann entwickelte damals einen reinen Kulturbegriff des Deutschen, den er der ganzen Welt entgegenhält.

Wolf Jobst Siedler Vielleicht bereits mit schlechtem Gewissen, denn es scheint so, als sei er damals schon schwankend geworden in seiner Verteidigung des Überlieferten.

Frank A. Meyer Er sieht den Citoyen zunächst ganz und gar nicht positiv, aber er hat sich dann doch zu einem Mann der Republik entwickelt – zu ihrem bürgerlichen Repräsentanten.

Joachim Fest Gut, Thomas Mann hat also den Citoyen zunächst ganz und gar nicht positiv gesehen. Wir wollen das einmal annehmen, wir wissen das nicht.

Frank A. Meyer Aber seine Zeugnisse und Reden sagen das.

Joachim Fest Die offiziellen Reden sagen bei Thomas Mann überhaupt nichts. Er hat auch allen, die eine jämmerlich kleine Eloge über irgendeines seiner Bücher geschrieben haben, mit zwei Seiten hymnisch geantwortet. Thomas Mann hat, was die gesellschaftlichen Verhältnisse anging, nicht fünf gerade sein lassen – er hat fünfzig oder genauer: einundfünfzig gerade sein lassen.

Frank A. Meyer Eine gewisse Wirkung im Kampf für die Republik ist ihm nicht abzusprechen. Die Nazis hätten ihn dafür ins KZ gesteckt und umgebracht.

Joachim Fest Dazu will ich etwas erzählen: Ich stamme aus einem bürgerlichen Haus. Bei uns gab es kein Werk von Thomas Mann, und zwar, weil Thomas Mann die »Betrachtungen eines Unpolitischen« geschrieben hatte. Das war zwar ein großes Bekenntnis zum Kulturbürger, wenn man so will, aber zugleich war immer präsent, daß er mit diesem Buch die Menschen von der Republik und von der Demokratie weggetrieben hat. »Thomas Mann kommt mir nicht ins Haus«, hat mein Vater gesagt. Als ein übrigens jüdischer Arzt mich für die Literatur gewinnen wollte und mir die »Buddenbrooks« gab, damit ich sie lese, hat das mein Vater zwei Tage später entdeckt – ich hatte dreißig oder fünfzig Seiten gelesen und war sehr begeistert als Vierzehnjähriger –, er sagte: »Du schickst das sofort zurück, das bleibt keinen Tag länger im Haus.« Als ich mich weigerte, gab er den Band meiner Mutter, und sie hat die »Buddenbrooks« in ein Päckchen getan und zurückgeschickt. So ist das strenge republikanisch gesinnte Bürgertum auch gewesen, das in Ihrer Rechnung, zumindest in unserem bisherigen Gespräch, nicht vorkommt. Aber das hat es gegeben.

Frank A. Meyer Ich sage ja gar nicht, Joachim Fest, daß es das nicht gegeben hat, und ich finde diese Geschichte wunderbar, sie steht für vieles. Aber es hat der demokratischen bürgerlichen Klasse die nötige Entschlossenheit gefehlt.

Wolf Jobst Siedler Die »Betrachtungen eines Unpolitischen« hatten keinen wirklichen Erfolg, auch hinsichtlich der Auflage. Als die »Betrachtungen« erschienen, war die Revolution schon da, die den Sturz der Monarchie brachte. Die Auflage der »Betrachtungen« lag wohl bei dreißigtausend Exemplaren, die früheren Bücher hatten eine Auflage von Hunderttausenden oder sogar einer Million. Die »Betrachtungen« hatten eine verschwindend geringe Wirkung auf das allgemeine Publikum, sofern sie überhaupt meßbar ist in Auflagenzahlen. Ich glaube, man darf die »Betrachtungen eines Unpolitischen« nicht überbewerten; sie bleiben doch eine Kontroverse unter Intellektuellen. Man könnte sagen, daß sich im Bruderzwist zwischen Thomas und Heinrich Mann die Auseinandersetzung des Bürgertums mit sich selber abbildet.

Frank A. Meyer   Der Bruder Heinrich sah sich als Citoyen, und so sah ihn wohl auch sein Bruder Thomas.

Joachim Fest   Ja, sicher, und er hat auch den deutsch-französischen Gegensatz benutzt, um ihn gegen Thomas auszuspielen, und Thomas seinerseits hat ihn benutzt, um ihn gegen Heinrich auszuspielen.

Frank A. Meyer   Das hat er später auch mit dem zweibändigen Roman »Henri IV.« dokumentiert, wobei er einen französischen König als Helden ins Feld führt, eben Heinrich IV. Aber bleiben wir noch in der Weimarer Republik. Ich frage Sie, Herr Siedler, wo setzt Ihre Kritik am Bürgertum an in jener Zeit?

Wolf Jobst Siedler   Ganz zweifellos hatte das Bürgertum den Halt verloren, als der Staat plötzlich nicht mehr da war, mit dem es sich identifiziert hatte und auf den es sich bezog. Mit der Revolution von 1918 waren ja die Formationen verschwunden, die es getragen hatten: die Monarchie, die Armee und die agrarische Welt, die zumindest im Osten, im sogenannten Ost-Elbien, eine entscheidende Rolle spielten.

Joachim Fest Es war eine, wenn ich das sagen darf, gesellschaftliche Schicht, Klasse, oder wie immer man es nennen will, ohne Alternativen. Da war einmal die Monarchie, die hatte durch den Abgang des Kaisers, durch die schmähliche Flucht, auch das Prestige verloren, ihre innere Legitimation. Das war das eine. Das andere war: Es gab 1918 und zu Beginn 1919 zwar eine große Begeisterung für die Republik, die ist aber kaputtgemacht worden durch die Räte-Republik, die sich überall breitmachte, sie ist aber ganz besonders ruiniert worden durch die Friedensbedingungen von Versailles. Mein Vater hat immer gesagt, die Republik hatte keine Chance, denn sie erlitt zwei Dolchstoße: den einen durch die Hindenburg-Ludendorff-Legende vom Dolchstoß, den zweiten durch die Siegermächte von Versailles. Die Republik konnte nicht überleben, die republikfreundlichen Bürgerlichen waren eine zusammenschmelzende Minderheit, die bis 1933 kämpfte, also so lange es möglich war. Aber es war nicht durchzuhalten.

Frank A. Meyer Ich gebrauche wieder einen provokativen Begriff, eine Führeranfälligkeit gab es doch auch. Das Resultat war der Ersatzmonarch Hindenburg.

Wolf Jobst Siedler Aber diese Anfälligkeit war nicht typisch deutsch. Es gab sie überall: mit Mussolini in Italien, Franco in Spanien, Pétain in Frankreich. Wenn man so will, sehnte sich das führungslos gewordene Bürgertum nach Autorität, und da es keine Monarchen mehr gab, griff man nach denen, die Autorität versprachen.

Frank A. Meyer Aber Pétain ist nicht durch eine Wahl an die Macht gekommen.

Wolf Jobst Siedler Aber durch Akklamation. Man darf sich keinen Illusionen hingeben, man schätzt, daß 80 bis 90 Prozent aller Franzosen die neue Ordnung, den État français, billigten, die Pétain etabliert hatte. Alles andere ist eine Legende der Résistance, die ursprünglich gar keine Rolle gespielt hatte, wie alle historischen Untersuchungen und zeitgenössischen Berichte konstatieren. Gerhard Heller, einer der kultivierten deutschen Besatzungsoffiziere von wirklicher, nicht gespielter Frankophilie, berichtet in seinen Memoiren, daß sich die deutschen Besatzungsoffiziere anfangs vor Einladungen in die Pariser Salons der Aristokratie und der Bourgeoisie gar nicht retten konnten. Erst sehr allmählich habe das an Kraft gewonnen, was man später die Résistance nannte.

Joachim Fest Sie vergessen übrigens, Herr Meyer, daß die Deutschen mit ihren Fürsten im allgemeinen sehr gut gefahren sind. Es gab eine große Verwaltungsgerechtigkeit, eine gewisse Fairneß im Umgang von oben und unten. Die Deutschen haben keine schlechten Erfahrungen gemacht, und dann kann man nicht einem Volk sagen: Es ist an der Zeit, jetzt Demokrat zu sein und die Fürsten zu vertreiben.

Frank A. Meyer Ich sage nur: Die Leidenschaft für die Republik war nicht sehr stark ausgeprägt im deutschen Bürgertum.

Wolf Jobst Siedler Da würde ich weitgehend zustimmen. Eben weil die republikanische Staatsform von den Deutschen nicht für wirklich wichtig gehalten wurde. Wichtig war, daß die bürgerlichen Werte nicht beseitigt wurden, und sie waren ja in der Weimarer Republik erhalten geblieben. Ich bin der Meinung von Herrn Fest, daß im Grunde das Zermahlen der bürgerlichen Schicht das Entscheidende war – während der fünfzehnjährigen Dauer der Republik jagte eine wirtschaftliche Katastrophe die andere. Zuerst kam die militärische Niederlage, dann folgten die Friedensbedingungen von Versailles, die allgemein als ungerecht und demütigend empfunden wurden, dann kam die große Geldentwertung und die allgemeine Pauperisierung. Deshalb fiel Weimar am Ende wie eine reife Frucht in die Hände der Radikalsten, eben der Partei Hitlers, dieses hergelaufenen österreichischen Kleinbürgers. Eine Zeitlang war es allerdings noch unsicher, ob die Kommunisten oder die Nazis triumphieren würden. Vor dieser Alternative haben sich die Deutschen dann eben für die Nazis entschieden, denn im Vergleich zu Stalin schien Hitler das kleinere Übel zu sein.

Frank A. Meyer Kommen wir auf ein ganz dramatisches Datum zu sprechen: auf die Akzeptanz des Ermächtigungsgesetzes durch alle Reichstagsabgeordneten der sogenannten bürgerlichen Parteien, inklusive Theodor

Heuss, der anderthalb Jahrzehnte später der erste Bundespräsident wurde.

Wolf Jobst Siedler   Er erbrachte nach dem Kriege immerhin den Nachweis, daß er bei den Vorgesprächen der Fraktion leidenschaftlich gegen das Ermächtigungsgesetz gestritten und sich nur dem Fraktionszwang gebeugt hat. Schließlich hatte er noch kurz vor der Machtergreifung, nämlich 1932, den Band »Hitlers Weg« geschrieben, der eine letzte Warnung vor der Machtergreifung war, eine leidenschaftliche Kampfansage gegen die Nazis und vor allem gegen Hitler. Es ist ein Wunder, daß Heuss einigermaßen ungeschoren das Dritte Reich überdauerte, wenn er sich auch aus der politischen Welt zurückziehen mußte.

Joachim Fest   Außerdem muß man auch sehen, daß das nur durch Hitlers Betrügereien möglich war. Hitler hatte die Zusage gemacht, ein Brief, der gewisse Rechte des Parlaments sicherstellen würde, sei bereits auf dem Wege.

Frank A. Meyer   Das macht die Sache nicht besser.

Joachim Fest   Doch, das macht die Sache verständlicher. Da war ein Gesetz erlassen worden, das die Grundrechte außer Kraft setzte, und Hitler sagte während der Abstimmung über das Ermächtigungsgesetz, der Brief, der einige der Rechte wieder in Kraft setze, sei schon unterwegs. Aber natürlich kam der Brief nie an, wahrscheinlich gab es ihn überhaupt nicht.

Frank A. Meyer Man hat sich darauf eingelassen. Es gibt einen dramatischen Satz, der Ihnen beiden geläufiger sein muß als mir: »Freiheit und Leben kann man uns nehmen, die Ehre nicht.« Das schleuderte der Sprecher der Sozialdemokratischen Partei Otto Wels in seiner größten Rede dem siegreichen Hitler im Reichstag entgegen. Ich halte diesen Satz, mit dem Otto Wels seine Rede schloß, für ein tragisches Dokument bürgerlichen Denkens.

Wolf Jobst Siedler Die Sozialdemokratie war zu dieser Zeit schon weitgehend verbürgerlicht. Das ist kein typischer Satz einer Arbeiterpartei, sondern der des demokratischen Gewissens.

Frank A. Meyer Was eigentlich bürgerliche Verpflichtung gewesen wäre.

Wolf Jobst Siedler In der zur Auflösung drängenden Republik gab es die klassischen Parteien eigentlich nicht mehr, nur eine amorphe Masse. Ganz sicher legten die Abgeordneten, die für Hitlers Ermächtigungsgesetz stimmten, damit kein Bekenntnis zu Hitlers Diktatur ab. Wenn es eine Alternative gegeben hätte zwischen Diktatur und Demokratie, dann hätte die Mehrheit für die Demokratie gestimmt, das muß man sehen.

Frank A. Meyer Es gibt ja einen Begriff, den ich für sehr bürgerlich halte, allerdings nicht für bourgeois: das ist der Begriff »Zivilcourage«. Eigentlich gehört es zum

Wesen oder zur Tugend des Citoyen, daß er in der Demokratie Zivilcourage zeigt, also auch damals hätte zeigen müssen.

Wolf Jobst Siedler Wie war es eigentlich in Frankreich zur Zeit von Dreyfuß? Da war das französische Bürgertum mehrheitlich für das Urteil gegen Dreyfuß, nämlich für die Autorität, für die Armee. Man darf nicht vergessen, daß Zola eine einzelne Stimme war, und sein berühmter Satz »J'accuse« stand einsam gegen ein Meer von Zustimmung.

Frank A. Meyer Zola, die Intellektuellen und das demokratische Bürgertum haben aber letztlich den Sieg davongetragen.

Joachim Fest Man darf nicht vergessen, Dreyfuß mußte ein halbes Berufs-Menschenleben in der Emigration verbringen.

Frank A. Meyer Es ging um Justizmanipulation, nicht um die Errichtung einer Diktatur wie im Frühjahr 1933 in Deutschland.

Joachim Fest Die europäischen Nationen sind unterschiedliche Wege gegangen; der englische war wieder ein anderer, auch Italien und die Schweiz gingen andere Wege.

Frank A. Meyer Nur der deutsche Weg aber hat in die Katastrophe geführt.

Als Sohn eines Bierhändlers entstammte auch Gustav Stresemann nicht dem traditionellen Bürgertum des 19. Jahrhunderts. Als einziges von fünf Kindern besuchte er das Gymnasium, studierte Nationalökonomie und war schließlich vor dem Ersten Weltkrieg das jüngste Mitglied des Reichstags. Als Führer der rechtsliberalen Deutschen Volkspartei (DVP) wurde er 1923 Reichskanzler und war bis zu seinem Tod 1929 Reichsaußenminister. Mit seinem französischen Gegenspieler Aristide Briand schloß er 1925 die Verträge von Locarno, und noch heute ist sein Name mit der Aussöhnungspolitik mit Frankreich verbunden.

Joachim Fest   Natürlich, der deutsche Weg hat in die Katastrophe gemündet, und dafür gab es gewisse Prädis-
positionen, das leugnet niemand. Aber unglückliche
Umstände kamen hinzu, zum Beispiel die ungeheure
Demagogie Hitlers, diese rhetorische Kraft, die Skrupel-
losigkeit Hitlers. Er war ja allen Politikern nicht nur in-
nerhalb Deutschlands, sondern auch in dem Europa der
dreißiger Jahre überlegen. Arnold Toynbee, der bedeutende Geschichtsphilosoph, sagte nach einer Begegnung
mit Hitler dem Sinne nach: »Ich habe eine ganz große
Stunde erlebt, das ist wirklich das Bollwerk Europas gegen den Bolschewismus.« Europa, auch Churchill übrigens, war von diesem Mann aufs Höchste angetan – wie
die Deutschen von der Aristokratie über den Mittelstand
bis zu den Arbeitern. Damals hat doch keiner an einen
deutschen Eroberungskrieg gedacht, geschweige denn
an Auschwitz. Dieser etwas vulgäre merkwürdige Mann
in seiner braunen Uniform war ein radikaler Außen-
seiter, aber daß er den europäischen Frieden gefährden
würde, glaubte niemand.

Frank A. Meyer   Einige haben es sehr klar gesehen. Denken
Sie an die Parole: »Wer Hitler wählt, wählt den Krieg.«

Joachim Fest   Nun gut, einige, eine verschwindende Minderheit, sie wurden als Störenfriede empfunden, man hat sie
nicht gern gehört.

Wolf Jobst Siedler   Und Hitler sagte ja in jeder Rede bis in die
letzten Friedensjahre, daß er die Barriere vor der Mög-

lichkeit eines Krieges sei, denn als Frontkämpfer wisse er, was ein Krieg bedeute. Man könnte überspitzt sagen, er habe mit Friedensreden den Krieg vorbereitet.

Frank A. Meyer   Wie haben Sie das, Herr Siedler, ganz persönlich als junger Mensch erlebt?

Wolf Jobst Siedler   Da geht es mir wie Herrn Fest, daß mein Elternhaus entschieden einer verlorenen Partei angehörte. Mein Vater war Mitglied der »Demokratischen Partei«. Ich höre ihn noch über das »dahergelaufene Gesindel« der Nazis reden. Es war, glaube ich, Oswald Spengler, der damals den Satz prägte, die Nazis seien die Organisation der Arbeitslosen durch die Arbeitsscheuen. Das war im Grunde die Stimmung ganz Dahlems, also des Bürgertums. Ich erinnere mich, daß man bei mir zu Hause im Falkenried nur in der Gegenwart von zwei oder drei Leuten aus der Nachbarschaft leiser sprach, weil man sagte, das seien Nazis. Sonst wurden ganz offen Scherze über die Vulgarität der Nazis gemacht, über den Weinhändler Ribbentrop, der sich von einem entfernten Verwandten adoptieren ließ, wodurch er ein von Ribbentrop wurde, und über den »Trunkenbold« Robert Ley, der das Heer der einstigen Gewerkschaftsmitglieder als »Deutsche Arbeitsfront« organisierte, und über den Hühnerzüchter Heinrich Himmler. Ich will damit sagen, daß die bürgerliche Welt, soweit wir sie in unserer Nachbarschaft wahrnahmen, zwar nicht aus prononcierten Anti-Nazis bestand, aber man verachtete sie, die mit ihren braunen Hemden provozierend auf der Straße erschienen. Hitler war ein Sonderfall: Sonderbarerweise galt er als Garantie gegen eine Radikalisierung der SA und der Partei. Daß die Radikalisierung gerade von Hitler ausging, hat man nicht gesehen.

Frank A. Meyer   Und Sie, Herr Fest, wie haben Sie es erlebt?

Joachim Fest   Mein Vater war linkes Zentrum und Reichsbannerführer – einer der Reichsbannerführer in Berlin-Brandenburg. Das Reichsbanner war eine Organisation zum Schutz der Republik, gebildet aus Sozialdemokraten, Gewerkschaftlern und linkem Zentrum, also nicht das Zentrum von Papen, sondern das Zentrum der katholischen Soziallehre, wenn man so will, und das stand doch eben relativ weit in der Mitte oder sogar links. Mein Vater ist dann unmittelbar nach der Machtergreifung als Beamter aus dem Amt geworfen worden und erhielt eine lächerlich geringfügige Pension, meiner Erinnerung nach 182 Mark, und mit fünf Kindern können Sie sich vorstellen, daß bei uns wirklich Schmalhans Küchenmeister war. Wir Geschwister sind alle so aufgewachsen und erzogen worden, daß wir mit den Nazis nicht das geringste im Sinn hatten.

Frank A. Meyer   Wenn ich Sie beide höre, Herr Siedler, Herr Fest, kommen Sie aus Familien, die in gewisser Weise resistent waren. Sie, Wolf Jobst Siedler, sind ja auch mit siebzehn Jahren als Schüler verhaftet worden und wurden vor ein Feldgericht gestellt. Sie meinen sogar, daß praktisch das ganze alte Bürgertum naziresistent war.

Joachim Fest Das war bei uns anders. Mein Vater hat nach dem Krieg davon gesprochen, der Raum um ihn – er meinte den sozialen Raum um ihn – sei nicht 1933, als er aus dem Amt entlassen wurde, sondern so ab 1936, 1937, 1938 – und der Anschluß Österreichs war eigentlich dann der Tiefpunkt – leer geworden; da seien immer mehr Leute übergewechselt zur anderen Seite; er habe sich ziemlich einsam gefühlt.

Wolf Jobst Siedler Vom Bürgertum wurden die Nazis als eine Revolution des Kleinbürgertums empfunden. Die alten sozialen Schranken bestanden ja noch lange weiter. Die sogenannte »Volksgemeinschaft«, die Einebnung der sozialen Schichten, gehört zu jenen Erscheinungen, die auch nach dem Untergang des Dritten Reiches noch weiterlebten, worüber Ralf Dahrendorf in seinem Buch »Gesellschaft und Demokratie in Deutschland« einige treffende Bemerkungen gemacht hat. Aber bis in den Krieg hinein hielten die Bürger den alten Abstand zu den Kleinbürgern, zum unteren Mittelstand. Es ist schwer zu sagen, ob die egalisierende Wirkung des Krieges oder die Ideologie der Nazipartei größeren Anteil daran hatten.

Dabei fällt mir eine eher skurrile Geschichte aus der Familie ein. Eine Verwandte aus Potsdam besuchte uns in den frühen fünfziger Jahren in Dahlem. Inzwischen lag der Krieg, lagen die Bomben und zwei Revolutionen, die der Nazis und die der Kommunisten, hinter allen. Aber meiner Potsdamer Tante, die damals schon sehr gebrechlich war, wurde auf dem S-Bahnhof in Potsdam von einem hilfsbereiten Volkspolizisten in den Waggon geholfen, die damals noch »Abteilwaggons« waren, so daß jedes Abteil eine eigene Tür zum Bahnsteig hatte. Der rührend hilfsbereite Volkspolizist sagte zu meiner wohl achtzigjährigen Tante, die uns die Geschichte später mit spürbarer Entrüstung weitererzählte: »Na, Muttchen, geben Sie mir schon mal Ihre Taschen, ich helfe Ihnen dann ins Abteil.« Meine Tante hätte daraufhin geantwortet: »Für Sie, lieber Mann, immer noch gnädige Frau.« Das Denken in Ständen war ihr so vertraut, daß sie von dem Zusammenbruch ihrer Welt gar keine Notiz nahm.

Frank A. Meyer Ich wage, was man in der Geschichte nie machen sollte, eine Hypothese: Eigentlich wären die Nazis zu verhindern gewesen mit einem ganz starken Zusammenschluß der demokratischen linken Kräfte mit dem liberalen Bürgertum.

Wolf Jobst Siedler Ja, natürlich. Da würde ich zustimmen. Aber man darf nicht vergessen: In Wirklichkeit war die Sozialdemokratie noch sehr stark marxistisch geprägt, war antibürgerlich. Das Bürgertum wurde eben von links bekämpft – von den Kommunisten wie von den entschlossenen Sozialdemokraten. Niemand hat in den späten zwanziger Jahren in den braunen Kolonnen, die zunehmend die Straße beherrschten, Bürger gesehen. Das Bürgertum war eine immer mehr aus der Macht gedrängte verlorene Schicht.

Frank A. Meyer Aber die Sozialdemokratie stand ja zu dieser Demokratie, im Gegensatz zu den Kommunisten.

Die Kommunisten machten einmal sogar mit den Nazis gemeinsame Sache: Goebbels hat mit Ulbricht zusammen im Berliner Straßenbahnstreik auf einem Podest gestanden, beide haben nebeneinander ihre demagogischen Parolen heruntergeschmettert. Die Sozialdemokraten und die linken Demokraten, das demokratische Zentrum, wo Vater Fest Reichsbannerführer war, das waren doch die Kräfte, die zu Weimar standen. Warum waren sie zu schwach?

Wolf Jobst Siedler Weil sie schon pauperisiert waren durch die Revolution von 1918 und weil sie am Ende des Weltkrieges von Niederlage zu Niederlage gegangen waren. Deshalb sehnte sich das Bürgertum nach Ordnung und meinte, man müsse, bis das Chaos vorübergeht, eine gewisse Gewaltsamkeit hinnehmen, selbst für den Preis des vorübergehenden Verzichts auf Freiheit.

Frank A. Meyer Bevor wir zur Nachkriegszeit kommen und dann in unsere Zeit, noch etwas zur Geschichte – eine gewagte These: Könnte das Problem damals darin bestanden haben, daß die Demokratie nicht vom Bürgertum installiert worden war, daß das Bürgertum die Demokratie nie wirklich als sein Machtinstrument durchgesetzt hatte?

Wolf Jobst Siedler Denken Sie an die ersten Wahlen nach 1918. Sie brachten eine Mehrheit der demokratisch-republikanischen Parteien, so daß eine parlamentarische Regierung der bürgerlichen Parteien der Mitte gebildet werden konnte. Erst die Erfahrung der niederschmetternden Friedensbedingungen brachte einen Rechtsruck und unterminierte die Parteien der Mitte. Ursprünglich war das Bürgertum gar nicht so schockiert, als der Kaiser mit einem Mal nicht mehr da war. Wilhelm II. hatte mit seinen bramarbasierenden Reden alle Welt, auch das deutsche Bürgertum, zu oft provoziert, und man nahm ihn in großen Teilen des Bürgertums nicht mehr ganz ernst. Mein Großvater, ein Oberst der preußischen Armee, der schon in den ersten Tagen des Weltkrieges fallen sollte, hatte lange vor Kriegsbeginn seinen Abschied genommen, wobei seine Zurücksetzung Adligen gegenüber eine gewisse Rolle spielte. Er lebte von da an als Privatier, was er sehr gut konnte, weil seine Frau, meine Großmutter, sehr vermögend war.

Joachim Fest Außerdem muß man bedenken, daß die Demokratie oder Republik in dem Geruch stand, den Deutschen von den Siegermächten aufgenötigt worden zu sein. Das lesen Sie in den Tagebüchern von Thomas Mann, da spricht er genau diese Problematik an: Die »Lügendemokratie« und die »Lügenordnung« des Westens seien den Deutschen aufgenötigt worden, die alles brav nachgeplappert hätten. Da kommt das ganze Ressentiment gegen die demokratische Ordnung zum Ausdruck. Also ging es nicht nur um den Vorwurf, die Republik sei links, sei sozialdemokratisch, sei gar kommunistisch, sondern ganz besonders auch um den Vorwurf, sie sei »westlich«. Das war der andere große Gegner. Aber mit dem Frieden von Versailles – es wurde immer nur vom »Diktat von Versailles« gesprochen – sei Deutschland gedemütigt worden. Wenn die Siegermächte eine Demokratie anstelle der Monarchie forderten, so stellte sich für viele Deutsche die Frage: Weshalb wollen die Alliierten unbedingt eine Demokratie in Deutschland etablieren? Weshalb sollen die Fürsten abgeschafft werden, auch die kleinen, sympathischen Großherzöge wie der Großherzog von Weimar oder der ziemlich belanglose, aber einigermaßen liebenswürdige Großherzog von Hessen-Darmstadt, der den Jugendstil auf der Mathildenhöhe legitimiert hat? Und die Antwort lautete dann: Damit Deutschland möglichst schwach bleibt und ein Spielball ausländischer Interessen wird. Aber das können Sie alles bei Thomas Mann nachlesen.

Wolf Jobst Siedler Tatsächlich haben die Friedensbedingungen durch die Alliierten die Demokraten in Deutschland, die weitgehend bürgerlich waren, gedemütigt. Daher brachten bereits die zweiten Wahlen von 1924 ein völlig anderes Bild: Die Rechten und die Linken waren die Gewinner; es zeichnete sich die spätere Konstellation ab. Bevor die Friedensbedingungen von Versailles den Vertretern Deutschlands ausgehändigt wurden, war man im Bürgertum bereit gewesen, die Niederlage hinzunehmen. Versailles brachte den großen Umschwung. Sie kennen alle die berühmte Geste, als der deutsche Verhandlungsführer in Versailles zwar seine Unterschrift unter die Friedensbedingungen leistete, aber dann seinen Handschuh auszog und ihn wie angewidert auf dem Tisch der Sieger liegen ließ.

Frank A. Meyer   Ja, das ist ja das Interessante: Nach 1918 hat man die Demokratie als verordnet, aufgezwungen betrachtet; nach 1945 war das ja noch viel deutlicher; aber man hat sie akzeptiert.

Wolf Jobst Siedler   Die Verbrechen der Nazizeit waren so immens und so offenkundig, daß man davor die Augen nicht verschließen konnte. Das Chaos war so total, daß man sich wunderte, überhaupt noch einen Staat zu haben. Man hatte sich im Grunde darauf eingerichtet, daß Deutschland in drei, vier oder fünf Kleinstaaten zerschlagen werden würde, und man hat später ja erfahren, daß es tatsächlich solche Aufteilungspläne gegeben hatte. Der wichtigste ging wahrscheinlich von einer norddeutschen Staatengruppe aus und einer süddeutschen »Donaukonföderation«, der Bayern, Österreich und vielleicht sogar Ungarn angehören sollten.

Frank A. Meyer   Kehren wir zum Bürgertum zurück. Von Max Weber gibt es eine sehr provozierende Aussage über das Bürgertum in Deutschland. Er warf ihm »den feigen Willen zur Ohnmacht« vor.

Joachim Fest   Sehr gut.

Frank A. Meyer   Wir sind jetzt in unserer Diskussion in der Bundesrepublik angelangt. Und erneut forderte mit Odo Marquardt ein Denker den »Mut zur Bürgerlichkeit«. Bürgerlich sein ist offensichtlich etwas, das Mut braucht.

Theodor Wolff war vielleicht der einflußreichste Chefredakteur der Weimarer Zeit. Durch seine Leitartikel im »Berliner Tageblatt« wirkte er über die Reichshauptstadt hinaus auf die politische Welt ganz Deutschlands. 1933 emigrierte er und suchte sich nach der Niederlage Frankreichs im Grenzgebiet zwischen Frankreich und Italien der Verhaftung zu entziehen. In der Nähe von Nizza wurde er von italienischen Beamten verhaftet, an die Gestapo ausgeliefert und in das Polizeigefängnis nach Berlin überführt. Im Herbst 1943 starb er im Jüdischen Krankenhaus in Berlin.

Joachim Fest Ich muß trotzdem noch einmal auf die Nazizeit kommen: Als die Nazis an der Macht waren, da war mit allem Mut nichts mehr zu tun. Da konnte man mit Mut nur noch sich selber umbringen. Bis zum 30. Januar 1933, bis dahin war Mut gefragt, und der war zu wenig da.

Frank A. Meyer Weber hat seinen Satz von der Feigheit ja auch in den zwanziger Jahren formuliert. Es braucht also Mut, als Demokrat da zu sein, aktiv zu sein.

Joachim Fest Völlig richtig.

Frank A. Meyer Wie ist es denn nun, man könnte doch sagen, die deutsche Demokratie, inzwischen auch wieder die vereinigte, das wiedervereinigte Deutschland, ist doch die erste Demokratie, auch die erste wirklich moderne Demokratie bürgerlicher Art.

Joachim Fest Wir haben eine Frage nicht behandelt: Wo ist das Bürgertum während der Nazizeit geblieben? Wo hat es sich aufgehalten? Es ist einfach vom Erdboden verschwunden. Wie war das möglich?

Wolf Jobst Siedler Nach 1933 hatte man anfangs das Gefühl, unsere Sache ist verloren, aber man gab den Nazis nur kurze Zeit. Dann kam die Zeit der scheinbaren Erfolge Hitlers, die Beseitigung der Arbeitslosigkeit in noch nicht einmal drei Jahren und die Wiederherstellung der alten Reichsgrenzen mit der Rheinlandbesetzung und der Wiedereinführung der »Wehrhoheit«. Da sagte auch das ursprünglich distanzierte Bürgertum: »Der Kerl, so wenig er uns liegt, ist einfach genial. Fünfzehn Jahre haben wir gebettelt, jetzt schlägt Hitler mit der Faust auf den Tisch und verlangt es einfach, und er bekommt alles, was er fordert.« Nach den innen- und außenpolitischen Erfolgen kamen die militärischen Triumphe, 1939 der Polenfeldzug mit seinen ganzen achtzehn Tagen, 1940 die Besetzung Dänemarks und Norwegens, im selben Jahr, schon wenige Wochen später, folgte der französische Blitzkrieg, der im Grunde kein richtiger Krieg, sondern auch nur ein Feldzug war. Nach sechs Wochen war Frankreich besiegt und England aus dem Kontinent geworfen, und die Heimkehr Hitlers nach Berlin war ein einziger Triumphzug. Jetzt, glaubte jedermann, würde man Schluß machen, jetzt käme der ersehnte Frieden. Aber nun ging der Krieg erst richtig los.

Man darf nicht vergessen, daß diese Reihe von Erfolgen zu einer Solidarisierung der Bevölkerung mit Hitler und seinem Regime führte. Arbeiter, Kleinbürger und Bürger sind in Massen zu Hitler übergelaufen, wenn auch die etwas anrüchige Partei noch immer mit Zurückhaltung gesehen wurde. Wer jetzt noch gegen den »Führer« opponierte, stand gegen die überwältigende Mehrheit der Deutschen. Man muß nur die Wochenschauaufnahmen von Hitlers Rückkehr nach Berlin sehen, um einen Begriff zu bekommen, wie populär er damals war. Das war eine vollkommen veränderte Situation zwischen 1933 und 1937, die man heute meist übersieht.

Joachim Fest Erst einmal waren die Deutschen über Frankreichs Niederlage glücklich: daß Frankreich – sagen wir es mal salopp – eins auf den Hut bekommen hatte, das befriedigte selbst Leute, die Gegner des Regimes waren.

Frank A. Meyer Das hat auch das Schweizer Bürgertum sehr beeindruckt – und weite bürgerliche Kreise schwenken oder zumindest schwanken lassen, zum Teil sogar die Regierung.

Joachim Fest Die Franzosen hatten immer über ihre machtpolitischen Verhältnisse gelebt, sie haben sich immer als eine Großmacht aufgeführt, die sie nicht mehr waren. In Wirklichkeit waren sie im Stadium der Dekadenz.

Frank A. Meyer Jetzt reden Sie, wie Thomas Mann geschrieben hatte.

Joachim Fest Die Freiheit nehme ich mir.

Wolf Jobst Siedler Wie Friedrich Sieburg in »Gott in Frankreich«?

Frank A. Meyer Mann, Sieburg und Fest – das ist ja eine beeindruckende Troika.

Joachim Fest Danke. Ich weiß aus den Erzählungen meines Vaters, daß man bei dem schnellen Sieg über Frankreich den Eindruck hatte, die Weltgeschichte sei hier einmal gerecht. Selbst er hatte die Empfindung, endlich sei der

Richtige bestraft worden, der immer »das Maul so voll genommen hatte«, wie er sich ausdrückte.

Wolf Jobst Siedler Der ganze Krieg gegen den gefürchteten Gegner im Westen, vor dem die Generalität ganz offen oder im Geheimen gewarnt hatte, gegen die Franzosen und das englische Expeditionscorps, hatte nur sechs Wochen gedauert und Deutschland vierzigtausend Gefallene gebracht. Im Ersten Weltkrieg hatte die Schlacht bei Verdun fast ein Jahr gedauert und siebenhunderttausend Tote gekostet, auf beiden Seiten.

Frank A. Meyer Lassen Sie uns zur Bundesrepublik kommen, bevor Sie sich allzusehr dem Siegestaumel von 1940 hingeben. Wolf Jobst Siedler, verschwindet das Bürgertum? Ist der postmoderne Zeitgeist antibürgerlich?

Wolf Jobst Siedler Alle Werte, auf die sich das Bürgertum in der Weimarer Zeit beziehen konnte und tatsächlich gestützt hat, sind verschwunden, nichts ist mehr da: weder Ostelbien mit dem Großgrundbesitz noch die Ruhr mit den großen Industrieverbänden oder die eben noch machtvollen Gewerkschaften. Von dem zusammengebrochenen Deutschland blieb eine amorphe, fleißige Masse, die keinen Ehrgeiz hatte außer Volkswagen und Rimini. Es gibt ja selbst die Armee nicht mehr, jedenfalls nicht im Sinne der kaiserlichen Armee oder der starken Reichswehr der Republik, aus der dann die Wehrmacht des Dritten Reiches wurde.

Frank A. Meyer Immerhin gibt es noch eine starke Bundeswehr, die wesentlich größer und besser ausgerüstet ist als damals die Reichswehr.

Wolf Jobst Siedler Aber stellt diese Bundeswehr eine Kraft dar, um die sich eine ganze Nation scharen kann? Ein Bürgertum braucht doch ein größeres Ganzes, an das man sich anschließen kann.

Wenn man aus einer bürgerlichen Familie stammte, war man Sohn und Enkel und Urenkel, man stand in einer langen Kette. Die Empfindung, auf Generationen zurückzublicken, war auf jeden Fall sehr deutlich und gehörte zum Bürgertum. Es ist die Frage, ob ein einzelner oder Vereinzelter überhaupt ein Bürger sein kann. Auch das wird in Thomas Manns »Buddenbrooks« unnachahmlich in einer Szene anschaulich. Im Gefühl und in der Wirklichkeit geht es immer weiter zurück, die Kette reicht vom Urgroßvater über den Großvater bis zum Vater, dem Konsul Buddenbrook und dem Enkel. Dieser kleine Hanno, den Thomas Mann als Fünfzehnjährigen sterben läßt, hat das Gefühl, daß er der Letzte ist, mit ihm reißt die Kette plötzlich ab. In dem Familienstammbuch zieht er unter seinem Namen einen dicken Strich, und auf die Frage, was dieser Strich denn bedeute, sagt Hanno: »Ich dachte, jetzt kommt nichts mehr.« Das ist ein genialer Einfall, und der dreiundzwanzigjährige Thomas Mann, der die Buddenbrooks schrieb, konnte gar nicht wissen, wie sehr sich das in der nächsten Generation bewahrheiten sollte. Zwei der Söhne Thomas Manns, Klaus und Michael, begehen Selbstmord, und der dritte, Golo, verweigert sich der Familienkette, er stirbt einsam im Alter von fünfundachtzig Jahren, und er will auch nicht im Familiengrab in Kilchberg bei seinen Eltern und Geschwistern beigesetzt werden. Ganz hinten, an der Umfassungsmauer des Friedhofs findet sich, wieder vereinzelt, das Grab von Golo Mann. Ich mußte lange suchen, bis ich Abschied von Golo Mann nehmen konnte, dem ich ja verbunden war, als Mensch und als Autor, denn er hatte meine zwölfbändige »Propyläen Weltgeschichte« herausgegeben, und das hatte uns über Jahre immer wieder zusammengeführt.

Ob im Roman oder in der Wirklichkeit, Thomas Mann hat seine Buddenbrooks geliebt. Übrigens auch sein Bruder Heinrich, mit dem seine Familie ebenfalls endet. Seine Frau, eine Alkoholikerin, die jahrelang vergeblich suchte, sich von der Krankheit zu befreien, hat Selbstmord begangen, und Söhne hat er nicht gehabt. Heinrich Mann hat sich, wie uns Katia bei unserem letzten Besuch in Thomas Manns Haus in Kilchberg bei Zürich berichtete, am Ende nach dem Tode gesehnt.

Frank A. Meyer Ich komme auf das heutige Deutschland zurück, wenn auch die Exkursion mit Thomas Mann sehr aufschlußreich ist. Daß sich die Deutschen nicht um die Bundeswehr scharen, beruhigt uns Schweizer sehr, und wohl auch alle übrigen Europäer. Aber sonst funktioniert ja alles – von den Industrieverbänden bis zu den Gewerkschaften. Vor allem funktioniert das demokratische System. Und trotzdem haben Sie beide das Gefühl, das Bürgerliche löse sich auf.

Joachim Fest Auch das hat etwas mit der Nazizeit zu tun. Meiner Ansicht nach geht ja die ganze Bewältigungspolitik – oder wie immer man es nennen will – völlig falsche Wege. Es gibt einen Begriff aus der Nazizeit, den die Deutschen verinnerlicht haben und den sie bis heute hochhalten: Volksgemeinschaft. Ein Bürgertum grenzt sich ja von denen da oben, dem Adel, oder denen da unten, den Arbeitern, sehr deutlich ab, auch durch ein besonderes Wertebewußtsein. Aber das gibt es nicht mehr. Als der Fabrikdirektor Hand in Hand mit dem Arbeiter am 1. Mai 1933 zum Tempelhofer Feld zog, war das das Ende des Bürgertums. Das tut man nicht. Ein Bürger wäre niemals mit dem Arbeiter untergehakt zum Tempelhofer Feld gezogen.

Frank A. Meyer Der Arbeiter wäre auch nie mit dem Bürger…

Joachim Fest Nein, natürlich nicht. Beide haben im Grunde ihre Identität aufs Spiel gesetzt und am Ende verloren. Heute wird zwar der Begriff der Volksgemeinschaft nicht verwendet, aber die Konsens-Demokratie, in der wir leben, ist doch nichts anderes als die Idee der Volksgemeinschaft auf einen etwas anderen Begriff gebracht. Das Bürgertum gibt es nicht mehr.

Wolf Jobst Siedler Das meine ich, wenn ich darauf Wert lege, daß es eine egalitäre Gesellschaft gibt, aber keine bürgerliche mehr. Die alten Stände, Aristokratie, Bürgertum und Arbeiterschaft, gibt es nicht mehr, und vielleicht macht das die Gesundheit der deutschen Gesellschaft aus.

46

Harry Graf Kessler war der Sohn eines Hamburger Bankiers und einer irischen Adeligen. Aufgewachsen in Frankreich, England und Deutschland, unternahm er zahlreiche Reisen, war als Diplomat im Ausland tätig und betrachtete sich zeitlebens als Angehöriger einer europäischen Gesellschaft. Zweifellos zählt er zu den faszinierendsten Gestalten des deutschen Kulturlebens in der Zeit des Umbruchs zwischen Kaiserreich und Diktatur. Gegen Ende der zwanziger Jahre nahm er als Publizist Einfluß auf die politischen Diskussionen der Weimarer Republik, emigrierte aber nach der Machtergreifung der Nationalsozialisten nach Mallorca und Südfrankreich und starb 1937 in Lyon.

Frank A. Meyer Würden Sie also den Schweizern, dieser gelungenen bürgerlichen Gesellschaft, unterstellen, daß sie eine »Volksgemeinschaft« pflegen, weil die Schweizer seit Generationen Konsenspolitik betreiben?

Joachim Fest Die Schweizer haben das Privileg, alle Begriffe unschuldig verwenden zu können, wir Deutschen dagegen können fast keinen Begriff unschuldig verwenden.

Frank A. Meyer Insofern sind die Schweizer das Gegenteil der Deutschen.

Joachim Fest Sie sind noch im paradiesischen Zustand; wir sind schon aus dem Paradies vertrieben.

Frank A. Meyer Das ist so, weil wir eben 1848 im Gegensatz zu den Deutschen eine bürgerliche Demokratie errichtet haben.

Wolf Jobst Siedler Und außerdem in kleinen, überschaubaren Verhältnissen leben. In Luzern ist man eben eher ein Bürger als in Berlin oder in Hamburg, und ähnlich steht es mit allen anderen Städten der Schweiz. Selbst Zürich mutet ja, kommt man aus Deutschland, kleinstädtisch an, und deshalb lieben wir Zürich und die Schweizer so.

Frank A. Meyer Außerdem: Unsere Revolution gelang. Und seither müssen wir das Bürgerliche nicht mehr im Privaten suchen, denn das Bürgertum hat seit mehr als einhundertfünfzig Jahren politische Macht. Was aber ist heute das Unbürgerliche? Ist es, beispielsweise, die totale Durchökonomisierung der Gesellschaft?

Joachim Fest   Das ist nicht ganz neu. Nehmen wir die »Buddenbrooks«, da wird ständig gerechnet, in Weizenverkäufen, in Importen und Exporten, wie war die Ernte und so weiter. Das Leben, das ja bei Thomas Mann nur im Hintergrund spielt und vor allem in dem Kontor der »Buddenbrooks«, das ist überwiegend wirtschaftlich bestimmt, es dringt nicht in das Private ein, nur bei den Heiraten.

Wolf Jobst Siedler   Man sollte nicht übersehen, was für eine Beschleunigung es in der Generationenfolge gegeben hat. Das Bürgertum des späten Mittelalters, nehmen wir die Fugger und Welser als Exempel, hält zumindest ein Jahrhundert vor, die Fuggerei gibt es noch heute, und die Arbeitersiedlungen der Fugger werden noch in unserer Zeit ihrer Vorbildlichkeit wegen vorgeführt – nach einem halben Jahrtausend. Das zweite, historisch faßbare Bürgertum, das Handelsbürgertum des späten 18. oder frühen 19. Jahrhunderts, also im wesentlichen das hanseatische Bürgertum der großen Seestädte, hält nur noch drei oder vier Generationen. Die Idys und die Slomans, und wie sie alle heißen, sind dann schon erschöpft. Die großen Reederfamilien gibt es heute alle nicht mehr, ihre Flotten sind zum Teil wieder aufgebaut, aber sie werden von anonymen Zusammenschlüssen geleitet. Die Welt, die auf Dauer angelegt war, ist nicht mehr vorhanden, und damit ist auch das Bürgerliche verschwunden.

Heute übernehmen skandinavische Firmen die noblen deutschen Unternehmen, oder englische oder griechische, und bald werden ostasiatische Firmenagglomerationen den Markt beherrschen. Die bürgerliche Welt ist tatsächlich an ihrem Ende. Heute gibt es nur noch starke einzelne, bei denen schon die Söhne, spätestens die Enkel müde sind. Die Industriebürger, die dann kommen, halten im Grunde nur eine Generation, schon die Söhne sind verbraucht, tragen die Firma nicht mehr, werden bestenfalls von ihr getragen. Das wird bei den Krupps am deutlichsten, der Enkel Arndt Krupp von Bohlen und Halbach ist eigentlich sehr glücklich, als er die Last des Erbes loswird, keine Verantwortung mehr hat und die Firma in eine Stiftung umwandeln kann, wofür er sich dann eine »Rente« von ein paar Dutzend Millionen zusichern läßt. Die Verbrauchtheit gibt sich aber auch im persönlichen Gebrechen zu erkennen. Arndt Krupp, der letzte Erbe der Dynastie, macht aus seiner Homosexualität wenig Hehl, der Wille, die Familientradition fortzuführen, ist eben erschöpft. So ist es bei den meisten Gründerfamilien – bei den Haniels, bei den Thyssens oder bei den Flicks. Schon die zweite oder dritte Generation hat Mühe, das Erbe aufrechtzuerhalten, dann retten sie sich in Kunstsammlungen und stiften Museen, um naheliegende Beispiele aufzugreifen.

Frank A. Meyer   Der Senator Buddenbrook fühlte sich noch in eine große gesellschaftliche Verantwortung eingebunden. Er kommt dieser Verantwortung auch nach, mit Mühe vielleicht, aber er unterzieht sich der Mühe. Ist es das, was heute fehlt? Wenn einer rechnet, wenn er ein Unternehmen hat, dann ist das das eine; wenn er aber darüberhinaus eine gesellschaftliche Verantwortung verspürt, dieser Verantwortung gerecht wird, dann erst stellt sich doch Bürgerlichkeit ein. Verantwortung fürs Ganze, übers eigene Geschäft hinaus, das ist doch bürgerliche Tugend!

Joachim Fest Sie sprechen hier vom Verhalten der Managerkaste, nicht der Patrons vergangener Zeiten. Die Globalisierung ist in keinem Fall zu vermeiden. Man kann zwar gegen die Schwerkraft protestieren, aber die Schwerkraft wird die Schwerkraft bleiben, und die Globalisierung wird die Globalisierung bleiben. Es werden sich dann doch neue Formen von Bürgerlichkeit entwickeln, die mit den alten nichts mehr gemein haben. Wir leben im Augenblick in einer Zeit, in der Versuche angestellt werden, einen zeitgemäßen Begriff der Bürgerlichkeit zu entwickeln. Ob das von Erfolg sein wird, weiß ich nicht. Nur wenn ich mir das Wort von Sternberger wieder in Erinnerung rufe, daß der ideale Staatsbürger schon in der athenischen Demokratie das ideale Mitglied einer Polis war, daß also das Bürgertum eigentlich ewig ist, dann habe ich keine allzu große Sorge.

Frank A. Meyer Ist denn für Sie, Herr Siedler, ein Bürgertum mit einem bürgerlichen Handeln supranational denkbar? Historisch ist das Bürgertum doch ganz klar mit dem Raum der Nation verbunden.

Wolf Jobst Siedler Ich bin nicht sicher, denn das große deutsche Handelsbürgertum der oberdeutschen Städte kam auch ohne Nation aus. Weder Augsburg noch Passau oder Regensburg waren auf eine Nation bezogen. Vielleicht hat der Begriff des Bürgertums ausgedient, und so scheint mir, daß der Begriff des antiken Bürgertums, den Sternberger ins Feld führt, nicht das Bürgertum in unserem Sinne meint.

Frank A. Meyer Joachim Fest, für Sie ist das Bürgertum ewig da, ist selber etwas Zeitüberdauerndes. Das wäre dann eigentlich der Glaube an die permanente revolutionäre Kraft des Bürgertums – als Garant eines Fortschritts der Gesellschaft.

Joachim Fest Ich will, woraus das Bürgertum besteht, auf einen ganz einfachen Begriff bringen: Es ist das Leben in geordneter Freiheit. Das ist die Formel, die aus dem hervorgeht, was Aristoteles schreibt. Es braucht aber einen bestimmten Typus Mensch, um ein Leben in geordneter Freiheit zu ermöglichen.

Frank A. Meyer Freiheit gibt es ja ausschließlich in einer Ordnung, sonst verkommt sie zur Freiheit des Stärkeren.

Joachim Fest Ja, eben. Und so wird es immer wiederkommen, wenn man das Bürgertum zu breit definiert.

Frank A. Meyer Herr Siedler, würden Sie da Herrn Fest zustimmen?

Wolf Jobst Siedler   Es ist für mich zweifelhaft, ob man heute noch von Bürgertum sprechen darf. Sie reden von Bürgern, wenn die Herren einen doppelreihigen Anzug und möglichst auch eine Weste tragen. Aber ist das Personal dieser Welt wirklich noch bürgerlich? Sind die Mitglieder des Vorstandes und des Aufsichtsrates von großen Konzernen wirklich noch Bürger? Wenn wir das zugrunde legen, was wir in der letzten halben Stunde formuliert haben, dann sind es keine Bürger mehr, soviel sie auch verdienen und wie famos auch ihre Kleider sind. Ich will darauf hinaus, daß das Einkommen kein Gradmesser für Bürgerlichkeit ist, eher würde ich sagen, daß extreme Summen fast ein Hinweis sind, daß das Bürgerliche verlorengegangen ist. Das Bürgertum hat nie mit sich geprotzt, heute protzt jedermann. Deshalb frage ich, ob die neue Welt wirklich noch eine bürgerliche ist, auch wenn wir sie neu definieren? Um zum Ausgangspunkt unseres Gespräches zu kommen: Sind die Massen, die den Kurfürstendamm, die Ludwigstraße oder die Großen Bleichen bevölkern, wirklich noch Bürger? So dankbar man auch ist, wenn sie keine Turnschuhe à la Joschka Fischer oder Jeans tragen. Lassen Sie mich einmal gegen mich selbst argumentieren. Die Kleidung ist niemals ein Ausweis für eine Sache, und insofern sind die Damen und Herren, die die Boulevards bevölkern, keine Bürger mehr.

Frank A. Meyer   Wie wollen wir sie dann nennen?

Wolf Jobst Siedler   Auch der Gewerkschaftsbegriff vom Arbeitnehmer ist unzureichend. Man redet ja auch nicht mehr vom Arbeiter. Ernst Jünger hat in seinem Buch »Der Arbeiter, Herrschaft und Gestalt« von 1932 etwas ganz anderes im Sinn, auf keinen Fall den Arbeiter, von dem der Marxismus redete. Er meint den Typus, nicht den Lohnempfänger. Es gibt den Abhängigen im Gegensatz zum Unabhängigen.

Joachim Fest Den Arbeiter gibt es nicht mehr, weil die traditionelle Industrie verschwunden ist und damit der Typus, der sie prägte – sei es in der Wirklichkeit oder in der Vorstellung. Unsere Gesellschaft ist im Begriff, eine Dienstleistungsgesellschaft zu werden, und so gibt es eben den Arbeitnehmer der Dienstleistungsgesellschaft.

Wolf Jobst Siedler Selbst bei den Krupps und den Borsigs waren die Firmenchefs zugleich auch die Firmeninhaber, die Patrons. Heute sind die Patrons verschwunden, der nichtbesitzende Unternehmenschef, der Manager, hat den ersten Platz in der Hierarchie übernommen, aber er kann am nächsten Tag bereits ausgewechselt werden, wobei er dann Dutzende oder sogar Hunderte von Millionen als Abfindung erhält. Man ist fast überrascht, wenn noch ein Erbe oder Familienmitglied eine Firma leitet. Der Gegensatz zwischen der Höhe der Bezüge – und im Entlassungsfall der Abfindungen – und der Stellung im Unternehmen ist eklatant.

Frank A. Meyer Halten wir den Begriff des Managers fest, der Ende der dreißiger, Anfang der vierziger Jahre in den Vereinigten Staaten aufkommt, denken wir an das epochemachende Buch von James Burnham: »The Managerial Revolution«, das gleich nach dem Kriege auch in deutscher Übersetzung erschien. Wenn ich aber frage, wodurch sich eigentlich der Manager definiert, so ist ein Manager ein Unternehmensführer ohne eigenes Kapital, und, wenn man so will, ohne Verantwortung. Er ist also nicht Besitzer der Produktionsmittel im marxistischen Sinne, aber er verfügt darüber. Das ist eine neue Klasse oder Kaste; sie besitzt eine gewaltige Macht, mitunter auch erheblichen Reichtum, ohne Verantwortung gegenüber der Gesellschaft. Bürgerlich ist dieser Typus nicht mehr.

Wolf Jobst Siedler Der Typus des klassischen Managers der Nachkriegszeit ist auch schon im Verschwinden, denn diese Rolle setzte ja so etwas wie die Berthold Beitz-Figur voraus – daß einer sozusagen das Unternehmen kommandiert. Heute weiß man aber gar nicht mehr, wer für das Unternehmen verantwortlich ist: eine neue Gesellschafterversammlung und schon wird ein anderer Vorstandsvorsitzender bestellt.

Joachim Fest Herrn Merkle von der Firma Bosch kannte man noch, auch Herrn von Pierer von Siemens und Herrn Schrempp von Mercedes oder jetzt Daimler-Chrysler vielleicht auch noch, obwohl diese Art von einflußreichen Vorstandsvorsitzenden nur am Rande mit den alten Eigentümern identisch ist.

Wolf Jobst Siedler Wenn Schrempp demnächst abgelöst werden wird, verändert das nicht die Unternehmensstruktur.

Frank A. Meyer Spüren wir diesem Gedankengang weiter nach; was würde es bedeuten? Ursprünglich gab es den Patron, wie Sie ihn ins Feld führten, Herr Siedler, das ist der Besitzer eines Unternehmens, dann gab es den Manager, der ein Unternehmen führte, als sei er der Besitzer, auch mit dem Verantwortungsgefühl eines Besitzers. Als Exempel können wir den alten Rathenau, Emil Rathenau, ins Feld führen, den Gründer und Leiter der AEG. Heute aber wird ein Manager geheuert und gefeuert, gefeuert allerdings mit einem goldenen Fallschirm. Dieser postmoderne, globalisierte Manager räumt eben unglaublich viel Geld ab, was auf einen bürgerlichen Menschen geradezu pervers wirkt. Ich erblicke darin das Verschwinden der Verantwortung für das Ganze und damit das Verschwinden von Bürgertugend, also von Bürgertum.

Wolf Jobst Siedler In diesem Sinne, würde ich sagen, ist das Bürgertum die gesellschaftliche Formation einer vergangenen Zeit. Das Bürgertum im alten Sinne gibt es nicht mehr, und daher wird mit dem Verschwinden des Bürgertums etwas ganz anderes sichtbar. Mein »Schlipsloser« auf dem Kurfürstendamm – gewissermaßen der Sansculotte des 18. Jahrhunderts – trägt eben jene Kleidung der nachbürgerlichen Zeit, wie die lange Hose zur Zeit der französischen Revolution das Erkennungsmerkmal des Bürgers war.

Frank A. Meyer Ist das etwas, das Sie mit Bedenken oder mit Befürchtungen erfüllt?

Otto Braun war der Sohn eines Angestellten, der in seinem Leben den sozialen Abstieg vom selbständigen Schuhmachermeister zum Bahnwärter erlebte. Der Sohn absolvierte nach der Schulzeit eine Lehre als Drucker, engagierte sich bereits im Alter von sechzehn Jahren illegal in der unter dem »Sozialistengesetz« verbotenen SPD und war fast die ganze Weimarer Zeit hindurch sozialdemokratischer Ministerpräsident von Preußen und in dieser Eigenschaft eine der letzten Bastionen der Demokratie im Reich.

Wolf Jobst Siedler Nein, ich konstatiere nur, und deshalb glaube ich eben, daß die Hoffnung auf die Wiederkehr des Bürgertums illusionär ist. Es werden fähige und vielleicht auch verantwortungsbewußte Leute wiederkehren, aber ob sie nun Krawatten tragen oder nicht, sie werden keine Bürger mehr sein. Das wollte ich mit meinem Exempel sagen, und deshalb komme ich jetzt noch einmal darauf zurück. Natürlich wird sich eine Art von Führungsschicht herausbilden. Welche Form sie haben wird, wissen wir nicht, das muß sich zeigen. Aber diese neue Schicht wird so wenig bürgerlich sein wie aristokratisch.

Joachim Fest Vielleicht darf ich zwischendurch darauf aufmerksam machen, daß ich keineswegs eine Illusion vertreten, gar sie befürwortet habe. Es ging mir nur darum, einen gesellschaftlichen Typus zu beschreiben, wobei mir deutlich ist, daß wir keinen Begriff dafür haben, jedenfalls derzeit nicht.

Frank A. Meyer Ist das für Sie eine Entwicklung der Gesellschaft, die Sie ablehnen?

Wolf Jobst Siedler Ich würde sagen, diese Gesellschaft hat andere Formen der Selbstorganisation gefunden.

Frank A. Meyer Wenn wir davon ausgehen, daß in der Geschichte das Bürgertum mit Niederlagen, mit selbstverschuldeten Niederlagen, aber auch mit Erfolgen für die Demokratie steht, dann müsste ja das Verschwinden des Bürgertums zu einer Gefährdung der Demokratie führen.

Wolf Jobst Siedler　Nein, das glaube ich nicht. Ich würde sagen, daß auf die Demokratie seit den Tagen von Aristoteles alles zuläuft. Man scheut sich, eine solche Apotheose der Demokratie auszusprechen, aber nicht nur unser theoretisches Verlangen, sondern auch unsere historische Erfahrung zeigt, daß früher oder später alle Staatsformen auf die Demokratie hinausliefen. Manchmal bedarf es dazu einer kriegerischen Erschütterung, wie im Fall des Kaiserreiches, dessen Abschaffung einen Krieg verlangte, des Dritten Reiches, das nur durch einen Krieg beseitigt werden konnte. Das Sowjetsystem hat sich von selbst in nichts aufgelöst, ist sozusagen implodiert. Niemand hätte vorausgesehen, daß die mächtige Ländermasse, die die Sowjetunion am Ende darstellte, sich ohne jede Erschütterung auflösen würde. Ihr territorialer Besitzstand ist durch das Abspalten der drei baltischen Länder, der fünf mittelasiatischen Staaten und der drei Kaukasusrepubliken auf einen »vorpetrinischen« Zustand zugelaufen. Das unermeßlich große Reich der Sowjetunion ist also auf das Land Peter des Großen reduziert, und selbst da ist es unsicher, ob das erhalten bleibt, wenn wir die jüngsten Entwicklungen in Rußland bedenken. Also ist die demokratische Staatsform das eigentlich siegreiche Prinzip, fast könnte man sagen, gerade die jüngste Geschichte mit ihren Katastrophen lief auf den Triumph des ältesten Prinzips, nämlich auf die Demokratie hinaus.

Frank A. Meyer Gibt es in Ihren Augen, Herr Fest, Anzeichen für eine Wiederkehr des Bürgertums?

Joachim Fest Ich bin, genauso wie Herr Siedler, in dieser Hinsicht sehr skeptisch. Ich glaube, es gibt kein Anzeichen der Wiederkehr des traditionellen oder historischen Bürgertums. Es werden sich neue Formen entwickeln, alles ist im Augenblick im Fluß. Ich glaube zwar nicht, daß wir in einem postnationalen Zeitalter leben, man könnte sogar sagen: »Weiß Gott nicht«, aber den Nationen fehlt die mobilisierende staatsbürgerliche Verbindlichkeit, die sie einmal hatten. Es fehlen neben den genannten Faktoren auch die europäischen Figuren, die für den supranationalen Raum Wertevorstellungen haben und sichtbar machen können. Churchill hatte das, ebenso Adenauer. Und nicht einmal einen Begriff haben wir dafür. Wir haben früher darauf hingewiesen, daß die Entstehung des Typus, von dem wir sprechen, an einen definierbaren Raum gebunden war: an die attischen Städte und später an die Nation. Wir in Deutschland haben keine lebendige Vorstellung der Nation mehr, und ich frage mich, wo unter solchen Verhältnissen die stabilisierende, demokratiesichernde Kraft herkommen soll – ganz abgesehen von den weiteren, ordnungsfestigenden Mächten wie dem Gründungsmythos, den auch eine Demokratie benötigt, den bestandenen Bewährungsproben und anderem mehr.

Wolf Jobst Siedler Wahrscheinlich muß man Schumann und de Gasperi und Monet dazurechnen, auch wenn sie nicht dieselbe historische Rolle spielten.

Frank A. Meyer   Man kann ja einer Nation nicht wünschen, daß sie aus einer Katastrophe neu und demokratisch geboren wird...

Joachim Fest   Glauben Sie, Gerhard Schröder, Tony Blair oder Jacques Chirac haben eine Vorstellung davon, woher Europa kommt und wohin es historisch gehen soll?

Frank A. Meyer   Ich sehe diese Generation natürlich ganz anders – es ist ja meine Generation –, sie muß neue Wege finden, denn die Wege der vergangenen Generationen haben stracks in die Katastrophe geführt. Das Bürgertum steht für große Erfolge und für katastrophales Versagen.

Joachim Fest   Sie sehen Ihre Generation freundlicher?

Frank A. Meyer   Ich sehe sie nicht nur freundlicher, ich sehe auch die Situation der Politiker anders. Es ist eine völlig veränderte Welt, in der sie Politik machen müssen, in der kaum noch etwas auf lange Sicht gedacht werden kann.

Joachim Fest   Mir wäre es schon lieb, wenn man auf kürzere Sicht denkt. Aber denken sollte man und zwar sowohl über die Ursprünge wie über die Wegrichtung. Jedenfalls sollte man nicht ganz so kurz denken wie man es heute tut, von Umfrage zu Umfrage.

Frank A. Meyer   Auch das ist unglaublich schwierig geworden. Die aktuellste Beurteilung der Politiker geschieht ja heute nicht mehr durch Wahlen, sondern durch tägliche

Umfragen. Schon nach einer brisanten politischen Äußerung folgt eine Umfrage auf den Fuß. Das scheint etwas Zwingendes zu haben, dem zu widerstehen, ist sehr schwierig. Das bewirken ja auch die Medien, indem sie Umfragewerte wie Wahlresultate präsentieren: Politiker sind in den Augen von Journalisten unten durch, wenn ihre Politik nicht mehr mit den letzten Meinungsumfragen übereinstimmt.

Joachim Fest Ist es wirklich so schwierig, den Umfragen zu widerstehen?

Frank A. Meyer Ja, es ist schwierig, zwar nicht für Intellektuelle, aber für den Politiker, der abhängig von Umfragen ist.

Joachim Fest Er ist abhängig, weil er sich abhängig fühlt. Wenn er sich nicht so abhängig fühlte, wäre er auch nicht so abhängig davon. Wer immer nur auf ein Politbarometer starrt, der wird natürlich von Umfragen abhängig. Aber wir sprechen hier über ein Thema, für das jede Umfrage zu kurze Sprünge macht.

Frank A. Meyer Ich möchte auf ein Phänomen kommen, das wir noch nicht diskutiert haben: die Medien-Demokratie, verkürzt Mediokratie, was man als Begriff doppeldeutig lesen muß.

Joachim Fest Für mich läuft das am Ende stets auf eine Art von Mediokrität hinaus. Das Showtalent besiegt die Politiker. Ist die Talkrunde tatsächlich das Forum, in dem, nach einem berühmten Wort aus der ersten Hälfte des 19. Jahrhunderts, die Nation mit sich selbst bekannt wird? Ich denke mitunter, wir stehen nicht in der Gefahr der viel beschworenen Systemkrise. Vielmehr sind wir nahezu mitten drin.

Frank A. Meyer Ich meine beides. Die Emanzipation der Gesellschaft basiert auf der schriftlichen Kultur, keine demokratische Gesellschaft ohne Verfassung, also ohne schriftliche Kultur, keine kulturelle Auseinandersetzung ohne schriftliche Kultur, der bürgerliche Roman ist der höchste Ausdruck schriftlicher Kultur. Wie sehen Sie die medial bestimmende Kraft des Fernsehens? Wird sie zum Problem für die demokratische Gesellschaft?

Wolf Jobst Siedler Wir dürfen nicht vergessen, daß die dreißiger Jahre die Jahre des gesprochenen Wortes gewesen sind. Hitler schrieb nicht. Er redete. Das Buch, das er geschrieben hatte, »Mein Kampf«, hat niemand gelesen, es war ohne Wirkung, wenn es auch zuletzt eine Millionenauflage hatte, weil jedes Ehepaar es im Standesamt überreicht bekam. Mit seinen Reden jedoch erzielte Hitler eine ungeheure Wirkung. Auch Churchill und de Gaulle haben geredet. Das war sozusagen auch schon eine Abwendung von der geschriebenen Welt. Und so möchte ich glauben, daß die Medien-Demokratie in diesem Sinne auch die geschriebene Demokratie der Zeitungen bedroht, daß die Zeitungswelt, zumindest in der Bedeutung von Leitartikeln, im alten Sinne ihrem Ende entgegengeht. Wo gibt es noch Leitartikler, die die Bedeutung oder den Einfluß etwa von Theodor Wolff hätten?

Frank A. Meyer Das geschriebene Wort – wie polemisch es auch immer daherkommt – ist ja im Grunde stets überprüfbar. Wir kennen den Begriff »schwarz auf weiß«. Man kann die Zeitung hinlegen, man ist mit der Zeitung autonom, man verfällt ihr nicht. Der Rede kann man verfallen, wie es ja Hitler der Welt vormachte: Zu Millionen sind die Deutschen seinen Reden verfallen.

Wolf Jobst Siedler Übrigens auch den Reden von Goebbels, wenn er auch immer etwas Schmieriges hatte, was allgemein empfunden wurde. Schmierig war Hitler eigentlich nicht, so deutlich seine Vulgarität auch gesehen wurde, zumindest von den Bürgern. Von wann stammt übrigens das Wort von der »Schwatzbude«, einer Bude, in der immer nur geredet wird?

Joachim Fest Aus der Weimarer Zeit.

Wolf Jobst Siedler Wirklich? Ich dachte eher aus der Kaiserzeit, es klingt mir sehr nach Wilhelm II., der den Reichstag verachtete.

Frank A. Meyer Das Bürgertum ist, wenn wir es als die Gesellschaftsschicht der modernen Demokratie nehmen, einer permanenten Revolution durch Versuch und Irrtum verpflichtet. Und das geht nur mittels schriftlicher

Kultur. Das Bürgertum ist die Gesellschaftsschicht der schriftlichen Kultur.

Joachim Fest Das stimmt. Aber auch da müssen neue Formen gefunden werden, um eine Art modifizierter Demokratie zu erhalten. Da stimme ich Wolf Jobst Siedler vollkommen zu; das wird nicht mehr so sehr die Demokratie des 19. Jahrhunderts sein – wenn wir das mal epocheweise verstehen –, sondern eine neue Epoche, die sehr viel stärker medienbestimmt sein wird.

Wolf Jobst Siedler Die Macht der Zeitungen ist gewachsen, aber der einzelne Kopf in der Zeitung, der Leitartikler, der politische Chef oder der Feuilletonchef, ja selbst der Theaterkritiker, fällt heute wenig ins Gewicht. Man sagt nicht mehr: »Maximilian Harden hat geschrieben« oder »Theodor Wolff oder Georg Bernhard sagen« oder »Alfred Kerr oder Carl von Ossietzky haben behauptet«. Man sagt statt dessen: »Wie in der ›Frankfurter Allgemeinen‹ oder in der ›Süddeutschen‹ oder in der ›Welt‹ zu lesen war.« Das Blatt ist wichtiger als der, der darin schreibt.

Joachim Fest Aber es gibt auch die Bismarcks nicht mehr. Ein Mensch mit seiner Fistelstimme hätte nicht die geringsten Chancen auf politischen Erfolg im Hörfunk- oder Fernsehzeitalter. Das sind Veränderungen, an denen man eine Zeitlang vorbeileben kann. Aber irgendwann schlagen sie durch und prägen das politische Leben einer ganzen Gesellschaft.

Frank A. Meyer Das haben Sie vorhin Schröder vorgeworfen, daß er ein Kind dieser Zwänge ist.

Joachim Fest Er ist nicht nur das, was Sie als »Kind« bezeichnen. Er ist auch der hörige Sklave und der Beförderer dieses Zwanges.

Frank A. Meyer Die Fistelstimme ist ja nur ein Beispiel dafür, daß sich die Politiker den elektronischen Medien anpassen müssen.

Joachim Fest Natürlich müssen sie sich dem anpassen; aber es muß doch noch etwas dahinterstecken: ein Konzept, ein Wille oder, wenn Sie große Worte mögen, eine Vision. Dahinter darf nicht nur die Sahara kommen.

Wolf Jobst Siedler Die Zeitungswelt als Medienmacht ist noch vorhanden, hat wahrscheinlich eine größere Macht als in den zwanziger Jahren oder in der Kaiserzeit. Die heutigen Zeitungen haben viel höhere Auflagen als die Blätter jener Zeit. Man staunt, wenn man liest, was die berühmten Zeitungen von damals für Auflagen hatten, die »Vossische«, das »Tageblatt«, die »Frankfurter Zeitung«, das »Hamburger Fremdenblatt«. Keine dieser Zeitungen erreichte die Hunderttausendergrenze, meist blieben sie bei 50 000 Exemplaren stehen. Heutzutage würden sie alle von ihren jeweiligen Konzernen eingestellt werden.

Frank A. Meyer Die Zahl der publizistischen Persönlichkeiten hat schon abgenommen. Das ist wohl keine Nostalgie.

Joachim Fest Das gab es noch am Anfang der Bundesrepublik: Paul Sethe, Walther Karsch und andere große Publizisten, Rudolf Augstein gehörte dazu, auch Henri Nannen oder Sebastian Haffner.

Frank A. Meyer Wie mächtig waren die Zeitungen in der Weimarer Zeit? Die »Weltbühne« hatte nun wirklich Bedeutung, aber die Auflage lag bei wenigen tausend Exemplaren. Ist mit so wenig Auflage heute publizistische Bedeutung möglich? Ich hoffe es für »Cicero«, das vor kurzem erst gegründete Monatsblatt, das einen erstaunlichen publizistischen Erfolg hat.

Joachim Fest Hatte die »Weltbühne« denn eine Bedeutung? Ist ihr der große Name nicht erst hinterher durch den Nobelpreis für Ossietzky gleichsam verliehen worden? Ich glaube, wir haben das alle im nachhinein hochgeredet. Politische Bedeutung hatte die Zeitschrift die »Tat«, um die sich die Konservativen scharten, Ferdinand Friedrich Zimmermann oder der dreiundzwanzigjährige Giselher Wirsing.

Wolf Jobst Siedler Heute fehlt eine Elite. Das kennzeichnet die Lage. Und es gilt für alle Bereiche, nicht nur für die Zeitungswelt.

Joachim Fest Jetzt nähern wir uns dem schrecklichen Augenblick, wo wir alle drei völlig einer Meinung sind. Deswegen will ich schnell etwas dagegen oder zumindest etwas zur Differenzierung sagen: Eine der merkwürdigsten Erscheinungen, die ich in der Nachkriegszeit erlebt habe, ist die Verpönung des Begriffs Elite. Der Begriff war kontaminiert durch die Nazis. Aber die Nazis waren weiß Gott keine Elite, das war heruntergekommenes Kleinbürgertum, von Hitler angefangen bis zu Streicher und Ley ...

Wolf Jobst Siedler ... dessen Trunksucht selbst der Partei peinlich war, weil er seine Reden in stark alkoholisiertem Zustand hielt.

Frank A. Meyer Herr Fest hat das Pack des Nationalsozialismus in seinem großartigen Buch »Das Gesicht des Dritten Reiches« ja porträtiert – ein Haufen pathologischer Fälle.

Joachim Fest Und ausgerechnet danach sagten die Wortführer der Demokratie, wir wollen nichts mehr von Eliten wissen, denn die Nazis haben den Begriff verhunzt. Wieso eigentlich? Das ist mir nie nachvollziehbar gewesen. Im Gegenteil finde ich, die Erfahrung mit der Nazi-Herrschaft hätte eigentlich den Begriff der Elite zu neuen Ehren bringen müssen. Es hat damals an Eliten gefehlt. Nach dem Krieg wäre Anlaß gewesen, auf neue Eliten zu setzen. Statt dessen wird der Begriff der Elite bis heute verunglimpft.

Frank A. Meyer Die Demokratie lebt von einem gewissen Mißtrauen gegen Eliten, sie ist eher elitefeindlich. Das ist in der durch und durch demokratischen und republikanischen Schweiz sehr gut zu beobachten. Die bürgerliche Demokratie ist ein Machtbrechungsapparat. Und Elite suggeriert immer eine gewisse Macht. Könnte es sein, Herr Siedler, daß sich die Elite heute anders definiert als die konservative Elite damals? Für mich ergibt sich die Definition nicht aus der Zugehörigkeit zu einer bestimmten Gesellschaftsschicht, sondern durch das Verhalten in der Gesellschaft. Sie können als gesellschaftlich engagierter Arbeitnehmer, der monatlich 2000 Euro verdient, genauso zur Elite zählen wie der Chef eines Unternehmens, der über 100 000 Arbeitnehmer führt, sich aber gegenüber der Gesellschaft verantwortlich, kämpferisch und mutig verhält.

Wolf Jobst Siedler   Ob das nicht aus einem kleinen Staat heraus, aus Ihrer Schweiz gedacht ist? Gilt das auch für ein Achtzig-Millionen-Volk?

Frank A. Meyer   Lösen Sie das auf in Bundesländer. Da gibt es auch solche, die kaum größer sind als die Schweiz.

Wolf Jobst Siedler   Riesenländer wie etwa Nordrhein-Westfalen und ganz kleine wie das Saarland.

Joachim Fest   Wolf Jobst Siedler hat einmal ein Buch über die »Mittwochsgesellschaft« veröffentlicht. Das war ein vergleichsweise kleiner Kreis von Intellektuellen, die sich zur Nazizeit hier in Berlin trafen. Das war, wenn ich die Namensliste in dem Buch lese, eine wirkliche Elite. Doch sie hat nichts bewirkt, sie war zu machtlos.

Wolf Jobst Siedler Der Kreis setzte sich zusammen aus Menschen ganz verschiedener Berufe, aus jeder Profession möglichst nur ein einziger, ein Philosoph, ein Historiker, ein Mediziner, ein Banker, ein Militär. Sie waren, was die Öffentlichkeit anlangt, ohne jede Macht, aber diese Machtlosigkeit war gewollt. Was in den Wohnungen der einzelnen Mitglieder besprochen wurde, blieb auf diese Wohnungen beschränkt. Es wurde nie veröffentlicht, was auch gar nicht möglich gewesen wäre, denn viele der Mitglieder gehörten später dem Widerstand an, und ihre Vorträge hätten sie vor Kreislers Volksgerichtshof gebracht.

Frank A. Meyer Das würde ja meiner These fast entsprechen.

Joachim Fest Mit beruflich hoher Qualifikation und dem Engagement im Politischen und Gesellschaftlichen.

Frank A. Meyer Ich fühle mich bestätigt.

Joachim Fest Ja, aber zu den Folgerungen daraus gehört doch, daß die Mittwochsgesellschaft nichts bewirkt, nichts aufgehalten und nichts verhindert hat.

Wolf Jobst Siedler Mehrere Mitglieder wurden übrigens aufgehängt, von Hassell bis zu Popitz. Die »Mittwochsgesellschaft« war eine Gruppe von einzelnen, die sich eher an Gleichgesinnten bestätigen wollte. Ich glaube, man hatte die Wirkung auf das Ganze gar nicht im Sinn, es genügte, Gleichgesinnten zu begegnen.

Alfred Hugenberg machte eine erstaunliche Entwicklung von dem
Friedrichshagener Dichterkreis um Gerhart Hauptmann bis zum
Magnaten der Presse- und Filmwirtschaft durch, die er in der Ufa
kartellartig zusammenfaßte. Nach der Machtergreifung führte er
seine Deutschnationale Volkspartei (DNVP) in die Allianz mit Hitler. Nach der Auflösung aller Parteien außer der NSDAP spielte er
weder in der Politik noch in der Filmindustrie oder der Publizistik
eine Rolle.

Frank A. Meyer Heute, in einem demokratischen Staat, könnte aber eine solche Elite etwas bewirken.

Joachim Fest Indem sie sich mit einem Medienkonzern verbindet. Einen Medien- oder Fernsehkonzern muß sie hinter oder vor sich bringen und mit ihm eine bestimmte gesellschaftliche Strategie verfolgen.

Frank A. Meyer Ist es denn so, daß eine Elite über eine unmittelbare Machtwirkung funktionieren muß? Sind elitäre Kräfte nicht eher mittelbar wirkende Kräfte? Gehört es nicht sogar zum Wesen einer Elite, daß sie nicht direkt über einen Zugriff auf die Macht verfügt?

Wolf Jobst Siedler Die Intellektuellen verachten die Macht oft sogar, sie wollen ganz ausdrücklich nichts mit ihr zu tun haben.

Frank A. Meyer Die Elite pflegt eine liberale Skepsis der Macht gegenüber. Doch kommen wir jetzt noch einmal auf die Politiker zu sprechen. Ihre Beurteilung der Politiker ist mir zu negativ, irgendwie zu deutsch, zu überheblich. Ich glaube, diese Überheblichkeit ist ein Problem. Wir finden sie auch in den Medien, wo Politiker täglich verächtlich gemacht werden. Ich habe Respekt vor der Arbeit der Politiker, auch wenn ich eine andere Meinung vertrete. Ich halte diesen Respekt für eine demokratische Tugend. Er gilt auch nur für demokratische Politiker. Wer in der Demokratie die Politik verächtlich macht, der verachtet bald auch die Demokratie.

Wolf Jobst Siedler Der Niedergang der großen politischen Persönlichkeiten hat damit zu tun, daß Politik ein Beruf geworden ist. Es gibt nicht mehr ungebundene Bürger wie Virchow oder Mommsen, die in die Politik, sozusagen in den Staat hineinwirken. Politiker entscheiden sich bereits mit neunzehn oder zwanzig Jahren für ihren Beruf. Sie werden Parteisekretär oder Gewerkschaftler. Das ist meiner Meinung nach die Schwäche der gegenwärtigen Praxis von Demokratie. Sie hat keinen Zugang mehr zur Berufswelt.

Frank A. Meyer Könnte es sein, daß es mit den Anforderungen an das politische Handwerk zu tun hat?

Joachim Fest Ja, ganz sicher.

Frank A. Meyer Sie beide wollten ja auch nicht Politiker werden...

Joachim Fest Ich war sieben Jahre Abgeordneter in Berlin. Mich müssen Sie da ausnehmen. Aus den Gründen, die Sie genannt haben. Weil ich, damals aus dem Krieg zurückgekehrt, der Auffassung war, man müsse eine politische Aufgabe übernehmen.

Wolf Jobst Siedler Mich versuchten Willy Brandt und Weizsäcker zu gewinnen. Der eine bot mir einen Botschafterposten an, der andere wollte mich als Senator für seine Regierung: »Lassen Sie doch Ihre Verlage, gehen Sie in die Politik«, das sagten sinngemäß Brandt wie Weizsäcker zu mir. Aber ich schreckte vor der Notwendigkeit zurück, in Köpenick oder in Spandau irgendwelche Schafsköpfe in Turnhallen von der Richtigkeit meiner Meinung zu überzeugen. Da blieb ich als Verleger viel souveräner, weil unabhängiger. Ich mußte nur darauf achten, daß meine Konzerne, erst das Haus Springer, dann das Haus Bertelsmann, das mitmachten, dann war ich so frei und ungebunden, wie ich nur wollte.

Frank A. Meyer Ich finde es ja toll, daß Sie Verleger geblieben sind, schon wegen der schönen Bücher Ihres Verlages, die in meiner Bibliothek stehen. Aber vielleicht hätte es Ihnen auch gut getan, wenn Sie gesehen hätten, daß die Demokratie etwas ganz Prosaisches ist, etwas ganz Handwerkliches. Letztlich benötigen wir doch mehr Denkhandwerker in der Politik wie in der Publizistik.

Joachim Fest Was mich anlangt, so war ich heilfroh, als ich nach sieben Jahren durch den Umzug von Berlin nach Hamburg plötzlich meinen Abgeordnetenstatus verlor.

Frank A. Meyer Haben Sie das wirklich nie bereut?

Joachim Fest Nein, vielleicht sollte ich sagen, daß ich es vor allem bedauert habe, daß so viele meiner freien Abende verlorengingen in irgendwelchen rauchigen Hinterzimmern, wo ich Stammtischgespräche führen mußte. Das gehört dazu, das ist dieses Brötchenbacken der Politik, oder das hat vielleicht Max Weber gemeint, als er sagte, »Demokratie sei das Bohren dicker Bretter«.

Frank A. Meyer Eigentlich zeichnet es den Citoyen aus, daß
er stets bereit ist, ich sage es französisch, terre à terre zu
arbeiten und nicht irgendwo hoch oben über dem gemei-
nen Volk. Ich halte den leisen Ekel vor der Politik, wie ich
ihn aus Ihrer beider Worten herauslese, für unbürgerlich.

Joachim Fest Ich bin ja durchaus der Meinung, daß es jedem,
der in ein öffentliches Amt kommt, gut täte, wenn er mindestens eine Periode lang Abgeordneter wäre.

Wolf Jobst Siedler Und der Demokratie, dem Parlament täte
es gut, wenn bürgerliche Berufe auch dabei vertreten wären, eben wie Mommsen von der Geschichtswissenschaft
kommt oder wie Virchow von einem Krankenhaus. Virchow machte seine berühmten Operationen, aber im Parlament stritt er gleichzeitig für seine Sache.

Frank A. Meyer Jetzt komme ich noch auf ein anderes Phänomen, das zu unserem Gespräch über das Verschwinden des Bürgertums gehört. Die Transformation der Gesellschaft wird stark bestimmt von den elektronischen
Medien, vom Fernsehen vor allem. Das Fernsehen aber
bedient wie kein Medium sonst die populistische Stim-
mungsmache. Alles muß verkürzt gesagt und erklärt
werden, jede Aussage muß der Einschaltquote dienen,
also möglichst aggressiv, provozierend und emotional
sein, jede Lösung muß einfach klingen, alle Sachpolitik
wird personalisiert. Wer diese Kriterien erfüllt, gilt dann
als fernsehgerecht. Das Fernsehen zielt auf Führerfigu-
ren. In der Schweiz war der TV-Journalismus über Jahre

hinweg geradezu verliebt in den Führer der Rechtspopulisten. Er garantierte hohe Einschaltquoten.

Joachim Fest Schröder und Fischer sind ziemlich populistisch.

Frank A. Meyer Aber das sind im Grunde intellektuell diffe-
renzierte Demokraten.

Joachim Fest Zweifellos, aber das ändert nichts daran, daß
sie sehr populistisch sind und nur übertroffen werden
von einem Mann wie Gregor Gysi.

Frank A. Meyer Aber sie sind nicht Populisten im Sinne
des Rechtspopulismus, der sich der Hetze gegen Auslän-
der, Minderheiten, Parlament und politische Klassen bedient, um das Volk zu gewinnen. Schlagen wir den Bo-
gen zurück in die Weimarer Zeit: Walther Hofer, der das
Buch »Die Entfesselung des Zweiten Weltkrieges« geschrieben hat, nennt den Hitler der zwanziger Jahre einen Rechtspopulisten.

Wolf Jobst Siedler Ich kannte Hofer sehr gut, war in seinen
Berliner Jahren wirklich befreundet mit ihm. Damals war
er ein junger Professor in Berlin, wohin ihn Friedrich
Meinecke berufen hatte – wahrscheinlich weil er seine
Habilitationsschrift über Meinecke geschrieben hatte.

Frank A. Meyer Im Grunde läuft der Populismus immer
auf Verachtung der Politik hinaus und hat ein plebiszitär-

autoritäres System im Sinn. Das ist nun das Unbürgerlichste, was ich mir denken kann. Leider war – ist? – das Bürgertum dagegen nur resistent, wenn es sich durch Linkspopulismus bedroht fühlt.

Joachim Fest Irgendwo habe ich einmal geschrieben, und ich bin noch immer dieser Auffassung, wenn man nicht vorsichtig ist, tendiert jede moderne Demokratie zum Populismus. Sie muß es. Wenn die Politiker sich mit Aussicht auf Erfolg an der Macht halten wollen, müssen sie populistisch operieren. Da die Grenze zu finden, wo der Populismus unseriös oder sogar ganz fragwürdig wird, wo er der Demokratie mehr schadet als ihr nützt, ist ein ganz schwieriges Geschäft.

Frank A. Meyer Der Rechtsstaat hat die Aufgabe, das Plebiszitäre im Interesse des einzelnen und der Minderheiten zu brechen.

Joachim Fest Die Bundesregierung hat den Flutopfern in Asien ohne Haushaltsdeckung 500 Millionen Euro versprochen. Das ist Populismus. Es schafft Stimmung, und bezahlen müssen spätere Generationen, wenn die heutige Schuldenwirtschaft über sie hereinbricht.

Frank A. Meyer Ich mache einen großen Unterschied, ob man in einer gewissen Stimmung – Populismus bedient sich immer der Stimmungen – 500 Millionen für Flutopfer ausgibt oder ob man in einer bestimmten Stimmung Wahlkampf gegen die Türken macht.

Joachim Fest   Das eine ist prinzipiell nicht von dem anderen zu unterscheiden.

Frank A. Meyer   Doch, das ist ein gewaltiger Unterschied.

Joachim Fest   Nicht im Prinzip, denn es geht immer um Rechnungen. Wenn der Aufruf dazu führte, daß dies noch heute bezahlt werden muß, würde er gewiß unterbleiben.

Frank A. Meyer   In einem geht es für Menschen, im anderen geht es gegen Menschen. Da liegt meine größte altbürgerliche Empfindlichkeit.

Joachim Fest   Wo geht es für Menschen? Und um die Antwort vorwegzunehmen: Es geht um Wirkungen und letztlich um Stimmen. Aber ich gebe zu: Auch unlautere Motive können lautere Auswirkungen haben.

Frank A. Meyer   Wenn wir für Flutopfer spenden, ist das eine konstruktive Sache, das andere ist eine Sache, die sich gegen eine Minderheit richtet. Reden wir von den Türken.

Wolf Jobst Siedler   Diese türkische Minderheit wäre der mitgliederstärkste Angehörige der Europäischen Union, wenn sie denn zugelassen werden würde. Die Türkei hat zur Zeit 68 Millionen Einwohner, und angesichts ihrer Geburtenrate nimmt man an, daß sie sehr bald 100 Millionen Einwohner hat, damit wäre sie zwanzig Millionen stärker als Deutschland und vierzig oder fünfzig

Millionen stärker als die Franzosen, Engländer und Italiener. Man kann also nur mit Ironie von einer Minderheit sprechen.

Joachim Fest   Sind Sie, Herr Meyer, wirklich für den Beitritt der Türkei zu Europa? Das können Sie als Schweizer leicht sagen.

Wolf Jobst Siedler   War Bismarck, der im Reichstag den durch und durch populistischen Satz sagte: »Wir Deutschen fürchten Gott und sonst nichts auf der Welt«, wirklich ein Populist? Und Adenauer, war er ein Populist, wenn er sagte, was die Versammelten gerade hören wollten?

Frank A. Meyer   Ich glaube, man muß auch aufpassen: Es gibt den Unterschied zwischen dem Populären, was absolut legitim ist, und dem Populismus, der auf das Führersystem hinausläuft.

Joachim Fest   Ich werde nicht vergessen, als sich unter Willy Brandt 1961 beim Bau der Mauer Zehntausende auf das Brandenburger Tor zubewegten und Anstalten machten, die Grenzbarrikaden niederzureißen, was in einem Blutbad geendet hätte. Da ist Willy Brandt auf den RIAS-Übertragungswagen gestiegen, hat die Leute mit einer Rede zurückgehalten und sie sozusagen »umgedreht«, sie zogen dann alle zum Schöneberger Rathaus.

Frank A. Meyer   Joachim Fest, was wünschen Sie sich von den Restbeständen des deutschen Bürgertums?

Joachim Fest Es gibt von Mommsen einen nach dem Zweiten Weltkrieg aufgefundenen und in der Zeitschrift »Die Sammlung« veröffentlichten Brief. In dieser testamentarischen Niederschrift steht: »Ich wünschte, ein Bürger zu sein«, ein Satz, der damals eine ungeheure Kontroverse erzeugt hat und der nach wir vor gilt. Das ist auch mein Credo.

Frank A. Meyer Und was wünschen Sie, Herr Siedler, vom Bürger?

Wolf Jobst Siedler Daß es ihn überhaupt gäbe. Ich glaube nicht, daß es zur Zeit ein Bürgertum in der Bundesrepublik gibt, weder im alten Sinn der Handels- oder Hansestädte noch im Sinn der Beamtenbürger, wie sie das Kaiserreich kannte. Man müßte schon hoffen, daß es wieder Bürgerlichkeit gibt und daß das Bürgerliche wieder Kraft gewinnt und sich selbst behauptet. Aber in dieser Hinsicht bin ich sehr skeptisch. Sicher wird es eine gewisse Führungsschicht wieder geben, aber sie wird nicht mehr bürgerlich sein.

Frank A. Meyer Und Sie glauben wirklich, daß das geschehen wird?

Wolf Jobst Siedler Zumindest werden die bürgerlichen Tugenden ihren Wert wiedergewinnen, diese Hoffnung und diesen Glauben habe ich.

Frank A. Meyer Gibt es für Sie Indizien?

Seit seiner Mitwirkung an der Überwindung der Inflation 1923 hatte Reichsbankpräsident Hjalmar Schacht einen legendären Ruf als Finanzmanager. Es wurde weithin beachtet, als er 1934 als Wirtschaftsminister in Hitlers Kabinett eintrat. Doch nach einem Konflikt über die innere Verschuldung des Reiches trat er 1939 zurück und wurde nach dem fehlgeschlagenen Staatsstreich vom 20. Juli 1944 als mutmaßlicher Mitwisser verhaftet und erst Ende des Krieges aus der Gestapohaft befreit. Im Nürnberger Kriegsverbrecherprozess wurde er als »nicht betroffen« freigesprochen.

Wolf Jobst Siedler   Das allgemeine Ungenügen an den gegenwärtigen Zuständen spricht dafür, daß man eine Empfindung des Verlustes hat. Weder die Linken noch die
Rechten sind zufrieden mit dem Gegenwärtigen. Alle
sehnen sich nach etwas anderem.

Frank A. Meyer   Liegt also Bürgerlichkeit in der Luft?

Wolf Jobst Siedler   Ja, wenn man den Begriff Bürger in dem
Sinn nimmt, wie er sich in unserem Gespräch allmählich herausgestellt hat.

Joachim Fest   Aber es bleibt zu sagen: Die Indizien sprechen
eher für das Gegenteil. Zum Bürger gehört, daß er lesen, rechnen, schreiben kann. Wir aber haben Tausende
Schulabgänger jedes Jahr, die weder lesen noch rechnen
noch schreiben können. Ein Tischler hat mir neulich gesagt, er habe vier Bewerber für eine Lehrstelle geprüft,
keiner beherrschte eine dieser Grundfähigkeiten. Wenn
sich dieser neue Analphabetismus verbreitet und dann
nicht mehr nur zwei oder vier Prozent, sondern 30 Prozent nicht mehr lesen, schreiben und rechnen können,
dann ist nicht nur die Demokratie am Ende, dann ist dieses ganze Land am Ende und vielleicht mehr als dieses
Land.

Frank A. Meyer   Sie widersprechen Wolf Jobst Siedler gar
nicht. Sie konstatieren einen Zustand, und Herr Siedler sagt, mit diesem Zustand sind viele Menschen nicht
mehr einverstanden.

Wolf Jobst Siedler   Es gibt eine dumpfe Empfindung, es müsse etwas anderes geben.

Joachim Fest   Nur ob man mit dem Wort Bürgertum und der bürgerlichen Lebensform noch jemand hinter dem Ofen hervorlockt, da habe ich meine Zweifel.

Wolf Jobst Siedler   Eben das sagte ich.

Frank A. Meyer   Es ist doch eine wunderbare Lebensform.

Joachim Fest   Wem sagen Sie das, Herr Siedler und ich verteidigen doch die Idee des Bürgertums.

Frank A. Meyer   Bürgerlichkeit steckt doch im Menschen.

Wolf Jobst Siedler   Das mag so sein.

Frank A. Meyer   Lassen Sie uns zu den bürgerlichen Entwicklungen in dieser ersten funktionierenden deutschen Demokratie kommen, wobei es nicht nur um Deutschland, sondern ganz allgemein um die europäischen bürgerlichen Demokratien geht. Vielleicht können wir aber Albert Speer als historische Figur und Repräsentanten eines Bürgertums nehmen, das immer wieder gefährdet ist. War Speer ein verführter Bürgerlicher?

Joachim Fest   Verführt? Nicht so sehr als Bürger. Als solcher empfand er sich nicht. Viel eher als Künstler, der außerhalb der bürgerlichen Welt stand und sogar gegen sie.

Frank A. Meyer Ich möchte über die exemplarische Figur Speer zum Aufbau der Nachkriegsdemokratie kommen, dann auf die Gefährdung dieser Demokratie durch antibürgerliche Tendenzen...

Wolf Jobst Siedler Ich habe Bedenken gegen Ihre Formulierung, daß der Aufbau der Demokratie nach dem Zweiten Weltkrieg durch antibürgerliche Tendenzen gefährdet gewesen sei. Das ist ja gerade das Auffallende, daß nach 1945 keinerlei radikale Tendenzen bemerkbar waren, die die beginnende Demokratie gefährdet hätten. Nach dem Ersten Weltkrieg, der doch zu vergleichsweise geringen Gebietsverlusten in Oberschlesien und in Westpreußen geführt hatte, haben revanchistische Tendenzen eigentlich die ganzen zwanziger Jahre belastet, mitunter gingen sie bis zu bürgerkriegsähnlichen Revolten. Man muß nur an die vielen Freikorps denken, an das Freikorps Annaberg in Oberschlesien zum Beispiel oder die Freikorps, die sich im Baltikum bildeten. Nach diesem Krieg, wo Deutschland fast ein Viertel seines Staatsgebietes an Polen, an die Sowjetunion und an die Tschechoslowakei verloren hatte, gab es nichts dergleichen, vielleicht, weil das Ausmaß der deutschen Untaten so offenkundig war. Deshalb habe ich meine Bedenken, daß Sie den Aufbau der Nachkriegsdemokratie mit der Vergangenheit Albert Speers in Zusammenhang bringen. Er saß ja zwanzig Jahre in einer Einzelzelle im Spandauer Kriegsverbrechergefängnis, schon deshalb war es ihm gar nicht möglich, Einfluß auf das Entstehen der deutschen Demokratie zu nehmen. Er spielte im Bewußtsein der Deutschen

gar keine Rolle mehr, eigentlich taucht Speer erst mit seinen »Erinnerungen« und den »Spandauer Tagebüchern«
für die Öffentlichkeit wieder auf, und zu einem Problem
wird Speer erst durch die jetzige Debatte, die wiederum
zwanzig Jahre später stattfindet. Das ist ein sehr merk-
würdiger Vorgang, daß die Vergangenheit in Etappen
wiederkommt. Denken Sie nur, daß 1960 kein Mensch
nach Speer gefragt hat. Als ich seine »Erinnerungen«
herausbrachte, hatte ich das Desinteresse des Buchhan-
dels zu überwinden, man brachte Speer und Schirach immer durcheinander und fragte mich, weshalb man denn
Erinnerungen des Reichsjugendführers lesen solle. Jahrzehnte später waren Speers Bücher ein Sensationserfolg,
und nach wiederum zwanzig Jahren wurde seine Figur
plötzlich interessant. Der Film von Heinrich Breloer und
die durch diesen Film ausgelöste Debatte hat Speer wieder zu einer nationalen Figur gemacht. Joachim Fest und
ich können uns gar nicht retten vor Anfragen nach In-
terviews, die oft aus dem Ausland an uns herangetragen
werden. In Italien und in England fragt man plötzlich
nach Speers Rolle im Dritten Reich, nach der jahrzehntelang kein Hahn gekräht hatte. Das ist fast ein Lehrstück
über die Arbeitsweise des Erinnerns.

Joachim Fest   Weniger des Erinnerns als der intellektuellen
   Mode.

Frank A. Meyer   Ich bleibe noch ein bißchen bei Speer. Lassen Sie mich die Frage anders formulieren: Speer war
   ohne Zweifel bürgerlicher Herkunft, und seine Figur war

repräsentativ für die Verwicklung des deutschen Bürgertums in die nazistische Diktatur.

Wolf Jobst Siedler   Ja, wenn Sie die Formulierung so gebrauchen, wäre ich einverstanden, obwohl es sehr weit her mit dem Bürgerlichen bei Speer auch nicht ist. Er heiratete eben nicht ein Mädchen aus dem Bürgertum, sondern eine Handwerkstochter, und er hat oft erzählt, wie er sich zu einer anderen sozialen Schicht hingezogen fühlte als er sie aus seinem Elternhaus kannte. Übrigens trat seine Mutter einige Jahre vor 1933 in die Nazipartei ein, ohne ihrem Sohn und ihrem Mann ein Wort davon zu sagen. Sein Vater dagegen war wirklich bürgerlich, selbst zur Zeit der Macht und des Ruhmes seines Sohnes hielt er auf strikten Abstand zu der Partei der Nazis. Denken Sie an den originellen Satz des Vaters Speer nach der Besichtigung des Modells der zukünftigen Hauptstadt Germania. Er war, wie Albert Speer uns häufig erzählt hat und wie er die Szene auch in seinem Buch schildert, wie konsterniert und sagte nur: »Ihr seid komplett verrückt geworden.« Das war die Haltung des wirklichen Bürgers zu den Phantastereien, denen sein Sohn sich hingab.

Frank A. Meyer   Aber die individuelle Entwicklung ändert ja nichts an der Tatsache, daß Speer eben doch einer bürgerlichen Familie entstammt. Ist für Sie Albert Speer rückblickend kein Bürger?

Wolf Jobst Siedler   Er war eben ein entlaufener Bürger – wie Thomas Mann zu sagen pflegte – der schon in seiner

Studentenzeit dem Bürgertum entlaufen war, der auf dem Neckar paddelte und mit seiner späteren Frau Margarete am Ufer zeltete. Das war keine typische Jugend für einen Bürgersohn, sondern zeigt, wie er schon damals neue Formen des Lebens suchte. Ganz offensichtlich brachte ihn das in eine Nähe zur Hitler-Bewegung, wenn er damals auch noch nichts von Hitler wußte.

Frank A. Meyer   Eigentlich, Herr Fest, hätte das dem Bürger Speer ja nicht passieren dürfen. Wir haben vorhin den Bürger als den verpflichteten Citoyen bezeichnet, der politisch bewußt, also emanzipiert handelt.

Joachim Fest   Ich würde nicht sagen »entlaufener« Bürger. Das ist zwar eine schöne Formulierung, die auch auf Thomas Mann zutrifft, aber bei Speer hat sich in dieses Entlaufensein aus dem Bürgertum ein starker antibürgerlicher Affekt gemischt, der in der ganzen Zeit vorherrschend war. Speer war – wenn man so will – entlaufener Bürger und Antibürger zugleich. Er hat das Bürgertum auch verachtet, hielt es vermutlich für eine Sache von gestern. Dennoch hat Speer in seinem Leben und in seinem Lebensgefühl gewisse Standards des Bürgerlichen aufrechterhalten, und das ist ein Widerspruch, der sein ganzes Leben begleitet. Also zum Beispiel: im Herbst 1938 übergibt Hitler im Münchner »Hotel Vier Jahreszeiten« einem Adjutanten ein Kuvert, in dem ein Geldbetrag enthalten ist. Der Adjutant bringt es zu Eva Braun und steckt es ihr verstohlen zu. Speer fragt Eva Braun später: »Was ist in dem Kuvert gewesen, das der Führer

Ihnen überreicht hat?« Und Eva Braun antwortet: »Das ist der monatliche Geldbetrag, den ich vom Führer erhalte.« »Was, Sie« – oder Du, ich weiß das nicht – »bekommen einen monatlichen Geldbetrag vom Führer?«

Speer war empört darüber und hat Herrn Siedler und mir das mit allen Zeichen der Ungehaltenheit erzählt: »So etwas kennt man doch nur aus amerikanischen Gangsterfilmen. In was für eine Gesellschaft war ich da geraten?«, fragte Speer sich und später uns. Das also hat Speer empört, die KZs hat er gar nicht wahrgenommen. Das eine waren die bürgerlichen Moralvorstellungen oder das bürgerliche Klischee, das war durch Hitler verletzt worden, und auf der anderen Seite konnte man Menschen zu Tausenden ins KZ werfen.

Frank A. Meyer Wenn ich Herrn Fest richtig interpretiere, hat Speer im Grunde als Privatperson ein bürgerliches Leben zu leben versucht, daneben aber ein öffentliches antibürgerliches Leben als politisch Handelnder geführt.

Wolf Jobst Siedler Man darf aber nicht vergessen, daß der Hitler der späten dreißiger Jahre selber versuchte, sich ins Bürgertum hineinzumogeln, in eine österreichische Variante des Bürgertums, mit Handküssen und der Anrede »Gnädiges Fräulein«, selbst bei Mädchen, die ein Bürger niemals mit solcher Ehrerbietung angesprochen hätte. Die ganze Entwicklung Hitlers zeigt, daß er in der zweiten Hälfte der dreißiger Jahre seinen Frieden mit dem Bürgertum gemacht hatte. Nicht zufällig hatte er eine Neigung zu adligen Adjutanten. Jesko von Puttkamer war sein Marine-Adjutant und Nikolaus von Below sein Luftwaffen-Adjutant, Abkömmling einer der ältesten märkischen Adelsfamilien. In den dreißiger Jahren wird eine Distanz zu den Rabauken der SA immer deutlicher, es ist ihm offensichtlich peinlich, mit Figuren wie Julius Streicher oder Robert Ley allzu nahe zu verkehren. Er ließ sie, wie Speer uns erzählt hat, nur selten zum Berghof zu, und dann mußten die Adjutanten darauf achten, daß sie rechtzeitig vor dem Abendessen wieder gingen. Speer konnte sich nicht entsinnen, daß sie jemals über den Abend blieben. Das Millionenheer der SA, deren Repräsentant Hauptmann Röhm war, ließ er in späteren Jahren offensichtlich nicht zu nahe an sich heran.

Frank A. Meyer Das ist klassisch für Despoten und Diktatoren: Wenn die Kumpane der frühen Jahre zu mächtig werden, dann folgt die Nacht der langen Messer. Röhm mußte beseitigt, die SA entmachtet werden, weil sie Hitlers Macht und Reputation vis-à-vis der Wehrmacht und der kollaborierenden bürgerlichen Schichten gefährdete.

Joachim Fest Er lernte bürgerliche Umgangsformen, die ihm oder seinen Verehrern etwas bedeuteten, den Verlegerfamilien Bruckmann und Hanfstaengl...

Wolf Jobst Siedler ...und der Familie der Klavierfabrikanten Bechstein.

Joachim Fest An ihnen allen beobachtete er bürgerliche Umgangsformen. Hitler selbst kam ja aus dem Kleinbürgertum in Linz und war in den Formen überaus unsicher. Seine Blumensträuße waren immer zu groß, seine Verbeugungen zu tief und seine Handküsse zu schmatzend. Und jetzt brachten ihm seine Verehrerinnen, die zugleich seine Gönnerinnen waren, Frau Hanfstaengl oder Frau Bruckmann oder wer immer, die Umgangsformen des gehobenen Bürgertums bei. Und die beeindruckten ihn wohl. Doch er sagte sich: Sie beeindrukken andere.

Wolf Jobst Siedler Vor allem auch Winifred Wagner, die Schwiegertochter seines Gottes Richard Wagner.

Joachim Fest Ja, auch Winifred Wagner, die brachte ihm bei, wie man sich in diesen Kreisen richtig bewegt. Da hat er sehr viel gelernt, aber nicht, weil er jetzt zum Bürger geworden wäre – das ist das Mißverständnis –, sondern weil er Menschen, weil er Wähler gewinnen wollte, gab er sich bürgerlich. Aus eben diesem Grund hat er in den späten dreißiger Jahren Empfänge für attraktive Filmschauspielerinnen, für die bewunderten Bühnenstars und Leute der Gesellschaft gegeben.

Wolf Jobst Siedler Man wüßte gern, wie seine alten Mitkämpfer, die sogenannten »Alten Kämpfer«, die Gesellschaft gesehen haben, die jetzt in Hitlers Nähe war. Ganz zum Schluß, in den letzten Monaten, als er aus seinen verschiedenen Hauptquartieren wieder in die Reichskanzlei zurückgekehrt war, als sich der Fuchs in seine Höhle zurückgezogen hatte, da kamen wieder die alten Mitkämpfer zum Zuge; sogar Julius Streicher, der vulgäre, seiner zum Himmel schreienden Korruption wegen längst seiner Position enthobene Gauleiter von Mittelfranken, wurde wieder bei Hofe zugelassen und Robert Ley, der während seiner Triumphe nie eine Rolle gespielt hatte, war einer seiner letzten Gesprächspartner, dem er wahrscheinlich sogar sein Testament diktierte. Sehr merkwürdig, wie er dort endet, wo er begonnen hat, in dem unterbürgerlichen Milieu.

Frank A. Meyer   Aber ist nicht ein Element des Faschismus oder des Nationalsozialismus der Versuch, dann doch irgendwie bürgerlich zu sein: vom Bürgertum akzeptiert zu werden?

Wolf Jobst Siedler   Sicherlich, das gilt für Mussolini ebenso wie für Franco und natürlich für Hitler. Sie wollen sich – sozusagen als revolutionäre Partei – trotzdem im Bürgertum etablieren.

Frank A. Meyer   Würden Sie sagen, Herr Siedler, daß Speer auch durch das bürgerliche Gehabe von Hitler angezogen worden ist?

Wolf Jobst Siedler   Ich glaube, daß Speer Hitler verfallen war, ohne darüber nachzudenken, ob er bürgerlich, revolutionär oder sozialistisch ist. Er ist der Faszination dieses Mannes erlegen, ohne viel nach den Gründen zu fragen.

Frank A. Meyer Nun gibt es auch den anderen Speer, den Manager und Technokraten.

Joachim Fest Ich möchte noch etwas ergänzen. Bürgerlich war Speer in gewissen Verhaltensweisen in den äußerlichsten Formen. Aber das ganze war natürlich doch eine zutiefst antibürgerliche Führungsmannschaft, die daraus nie einen Hehl gemacht hat. Es waren natürlich viel eher Sozialisten. Der Nationalsozialismus war, wie ich immer behauptet habe und auch weiterhin sage, ein linkes Phänomen und nicht ein rechtes, wie heute oft behauptet wird.

Frank A. Meyer Ich gehöre zu denen, die Faschismus und Nationalsozialismus ganz entschieden als rechtes Phänomen betrachten, und ich teile diese Überzeugung mit zahlreichen Historikern.

Wolf Jobst Siedler Gegen die These von Joachim Fest habe ich ebenfalls meine Bedenken. Speer hat sich, als Generalbaumeister Hitlers wie als sein Rüstungsminister, mit bürgerlichen Fachleuten umgeben, ob es Architekten wie Wolters oder Industriemanager wie Blohm waren.

Joachim Fest Gut, wir können darüber streiten. Aber ich finde immer, es war ein sozialistisches Phänomen: die Verbrüderung von Menschen, die Aufhebung von Klassenstrukturen, der 1. Mai, das KdF-Programm, auch die Verachtung von herkömmlichen Werten, all das, was das Bürgertum großgemacht hat.

Albert Speer entstammte einer wohlhabenden großbürgerlichen Familie in Mannheim. Während sein Vater, selber Architekt, zeitlebens ein strikter Gegner des Naziregimes blieb, trat der Sohn schon im März 1931 in die NSDAP ein, nachdem er Hitler bei einer Kundgebung in der Berliner Hasenheide erlebt hatte. Über die Architektur gehörte er sehr bald dem engsten Kreis um Hitler an, für den er praktisch alle Großbauten des Regimes errichtete, so auch die Neue Reichskanzlei. Nach dem Flugzeugabsturz von Fritz Todt 1942 machte Hitler Speer zum »Reichsminister für Bewaffnung und Munition« und zum »Generalinspekteur für Straßenwesen, Festungsbau, Wasser und Energie«. Speer gehörte seitdem endgültig zum engsten Kreis der Machthaber und erreichte eine spektakuläre Steigerung der Rüstungsproduktion. Im Nürnberger Kriegsverbrecherprozeß wurde er zu zwanzig Jahren Haft verurteilt, die er bis zum letzten Tag abbüßen mußte.

Frank A. Meyer Für mich ist die Verachtung herkömmlicher, traditioneller Werte zunächst einfach ein prononciert antibürgerlicher Affekt, was ja zu Faschismus und Nationalsozialismus paßt, die beide einen vorbürgerlichen Traum träumen.

Joachim Fest Der Historiker Götz Aly hat gerade ein Buch über den »Sozialstaat« geschrieben, den die Nazis zumindest ansatzweise errichtet haben. Bei ihm ist sehr viel darüber zu erfahren, inwieweit der Nationalsozialismus ein linkes Phänomen gewesen sei, der durch Bestechung die Leute stillgehalten habe.

Frank A. Meyer Die Geschichtswissenschaft liefert stets, was gewisse gesellschaftliche Aktualitäten gerade brauchen. Zum ultraliberalen Zeitgeist paßt vorzüglich die Diffamierung des Sozialstaates als Erbe von Faschismus und Nationalsozialismus. Was Götz Aly, den ich bisher sehr schätzte, pünktlich abliefert, was auch Wolfgang Schivelbusch in seinem Buch »Entfernte Verwandtschaft« entwickelt, wirkt auf mich wie ein Gefälligkeitsgutachten für ultraliberale Ideologen, wobei ich den beiden Autoren nicht unterstelle, sie hätten in dieser Absicht geschrieben. Aber auch die Wissenschaft ist nicht frei von Zeitstimmungen.

Joachim Fest Wollen Sie Wolfgang Schivelbuschs und Götz Alys Bücher ganz einfach Machwerke des Ultraliberalismus nennen? Ein wirklich zitierfähiges Wort von Hitler, was ja sehr selten ist, lautet: »Ich brauche nicht die Fabriken und die Unternehmen zu sozialisieren, ich soziallisiere die Menschen.« Er meinte natürlich, dann gehörten die Unternehmen ohnehin ihm. Das ist sozialistisch, das ist aber eine neue Form von Sozialismus, nicht die uns bekannte Form.

Frank A. Meyer Das ist eine Form des Antisozialismus unter Vorspiegelung sozialistischer Tatsachen. Aber wesentlich bleiben doch die kapitalistischen Produktionsverhältnisse. Hitlers Diktatur schaffte den Kapitalismus nicht ab. Hitler war sogar darauf bedacht, die Unternehmer-Elite für sich zu gewinnen. Lenin und Stalin zerschlugen sie. Das macht den grundsätzlichen Unterschied zwischen rechtem und linkem Totalitarismus.

Joachim Fest Macht es wirklich einen grundsätzlichen Unterschied, wie Sie, Herr Meyer sagen, ob man die Produktionsmittel oder die Menschen verstaatlicht? Ich weiß noch aus den Erzählungen meiner Eltern, wie enthusiastisch die Leute waren, als am 1. Mai 1933 der Arzt neben dem Arbeiter ging und der Unternehmer neben dem Werkmeister. Die Empfindung war, endlich gehört das Volk zusammen, und das ist eine große sozialistische Idee. Das kann man doch nicht bestreiten.

Frank A. Meyer Finden Sie auch, Herr Siedler, daß der Nationalsozialismus eine Form des Sozialismus war?

Wolf Jobst Siedler Ich würde sagen, es mischten sich im italienischen Faschismus und im deutschen Nationalsozialismus die verschiedensten widersprüchlichen Elemente. Es war eine vulgäre Form von Massenhypnose. Ob man sagen kann, ihr Grundzug war sozialistischer Natur, würde ich sehr zurückhaltend beantworten. Vor allem würde ich bezweifeln, daß der Faschismus eine linke Ideologie war.

Joachim Fest Den Faschismus habe ich nicht genannt, will aber doch darauf hinweisen, daß ich mit Renzo de Felice, dem großen italienischen Faschismusforscher, in Rom ein Streitgespräch führte, in dem er behauptete, der Nationalsozialismus sei eine extrem rechte Ideologie, der Faschismus aber eine linke – also ziemlich exakt das Gegenteil dessen, was Sie behaupten.

Wolf Jobst Siedler Ist der Nationalsozialismus wirklich links gewesen? Im Dritten Reich wurden die Besitzverhältnisse überhaupt nicht angetastet, weder die Strukturen der agrarischen Großbetriebe noch die der Schwerindustrie. Die großen Güter, auf denen Hermann Göring zur Jagd ging, und die Konzerne, in denen die Panzer und die Geschütze hergestellt wurden, die der Eroberung Europas dienten, waren zum Ende des Krieges noch gewachsen, und die Träger von Ritterkreuzen mit Schwertern erhielten als höchste Auszeichnung ein Gut im Osten, meist im Wartegau, wie die eroberten polnischen Provinzen zum großen Teil genannt wurden. Himmler schwärmte von dem neuen Adel, den das Reich schaffen werde. Kann man da sagen, der Nationalsozialismus sei ein linkes Phänomen?

Joachim Fest Aber ich komme darauf zurück, der Nationalsozialismus und in gewissem Maße auch der Faschismus haben die Menschen sozialisiert.

Wolf Jobst Siedler Nicht die Besitzverhältnisse. Das ist doch
nicht Sozialismus.

Joachim Fest Sozialistisch ist die Idee der Brüderlichkeit.
Egalité und Fraternité auf Kosten der Freiheit. Man muß
im Auge haben, daß die Gewerkschaften, die Sozialdemokraten und die Kommunisten jahrzehntelang um den
1. Mai als Feiertag gekämpft haben, nun schenkt ihnen
Hitler plötzlich den 1. Mai als nationalen Feiertag, und
sie marschieren alle unter der Hakenkreuzfahne begeistert mit. Wenig später kommen schon die Organisatio-
nen wie »Kraft durch Freude« und »Schönheit der Arbeit«. Speer hat in den Gesprächen mit Siedler und mir
darauf Wert gelegt, daß ihn die Parole »Schönheit der Arbeit« sehr eingenommen habe, und er war ja in diese Organisation eingebunden.

Wolf Jobst Siedler Aber man darf nicht aus den Augen verlieren, daß am 2. Mai sofort die Gewerkschaften liquidiert
wurden, nur einen Tag nach der Proklamation des Feier-
tags der Arbeit. Aus den freien Gewerkschaften wurde
eine Zwangsorganisation, die von der Partei organisiert
und kontrolliert wurde.

Frank A. Meyer Wenn Sie das alles als »sozialistisch« bezeichnen, dann gibt es nur linken Totalitarismus. Das

läuft auf die Exkulpation der Rechten hinaus, auch auf die Exkulpation der bürgerlichen Gesellschaft, die mit rechtem Totalitarismus kollaboriert, ihn gar an die Macht bringt.

Joachim Fest Um Gottes willen, nein, das ist keine Exkulpation. Das war die Verführung der Massen, wobei viel Propaganda und Korruption im Spiel war, Bestechung und natürlich auch Opportunismus und Angst.

Frank A. Meyer Es gibt da zwischen Ihnen, Herr Fest, und mir eine fundamentale Meinungsverschiedenheit. Ich bin jetzt sehr streng: Wir müssen hier die Begriffe klären. Sozialismus hat in meinen Augen mit der Vergesellschaftung der Produktionsmittel zu tun. Daß sozialistische Ideen auch von den Faschisten und Nazis aufgenommen wurden, das gehörte zur Propaganda und zur Machttechnik: Man wollte das Volk gewinnen, also bot man ein Amalgam aus rassistischen und sozialistischen Parolen an. Die Arbeitsfront, die Massenorganisation von Robert Ley, hatte weder mit sozialistischen noch mit gewerkschaftlichen Überzeugungen zu tun. Dagegen hatte sie viel zu tun mit der exemplarisch antisozialistischen Idee von der Volksgemeinschaft: Volksgemeinschaft versus Klassenkampf, das war das Programm, das ganz besonders die Elite der Unternehmer bezirzte, übrigens weit über Deutschland hinaus bezirzte, zum Beispiel auch viele Schweizer Unternehmer, die der Kollaboration mit Nazi-Deutschland das Wort redeten.

Wolf Jobst Siedler Sozialistische Ideen und Ideologien wurden aufgenommen, aber nur, um den Sozialismus zu eliminieren.

Joachim Fest Wo wäre das denn nicht so gewesen? Der springende Punkt ist doch das Menschenbild, nicht die Vergesellschaftung von Produktionsmitteln. Das Menschenbild ist aber im einen wie im anderen Falle, im klassischen Sozialismus wie im Nationalsozialismus, weitgehend dasselbe.

Frank A. Meyer Ich bleibe dabei: Die Grundstruktur der Gesellschaft gibt Auskunft, um was für ein System es sich handelt. Aber kehren wir zu Speer zurück, zum Manager, der mir wichtig ist, damit wir den Sprung in unsere Zeit machen können, denn Manager ist ein ganz moderner Begriff. Sehen Sie, Herr Siedler, Speer als Manager – mit der Lust zu funktionieren, Dinge zu tun, ohne zu überlegen, was man tut? Ist das ein starkes Element bei Speer?

Wolf Jobst Siedler Ich weiß nicht so genau. Man könnte sagen, in gewissem Sinne verhält es sich so. Aber wenn Speer selbst vielleicht noch nicht der Typ des modernen Managers war, so waren es, wie ich schon gesagt habe, die Inhaber und Manager der Großindustrie, mit denen er seine Ziele voranzutreiben suchte: Gustav Krupp von Bohlen und Halbach, den Alleininhaber der Krupp-Werke, oder Albert Vögler von den Vereinigten Stahlwerken, um die anderen Industriellen nicht zu nennen, die mit Albert Speer zusammenarbeiteten, Stiehler von Heidekamp, der für ihn die U-Boot-Fertigung leitete, und Rudolf Blohm von Blohm & Voss. Er nahm sie meist zu den Besprechungen ins Führerhauptquartier nach Winniza in der Ukraine mit, und dann sagte Hitler: »Da kommt der Speer mit seinem Kindergarten«, weil die Leute so außerordentlich jung waren und sich von den sechzigjährigen Feldmarschällen auch dadurch deutlich abhoben.

Man darf ja niemals vergessen, daß Speer der Sache, in diesem Fall dem Ausstoß der Rüstungsindustrie, dienen wollte, und das ist ihm eben in beklagenswerter Weise sehr weitgehend gelungen. Speer war im Gespräch mit uns noch ein Vierteljahrhundert nach den Ereignissen unverkennbar von Stolz erfüllt, daß ohne ihn der Krieg schon Jahre vorher verloren gewesen wäre. Tatsächlich hat er den Krieg um etwa zwei Jahre verlängert.

Joachim Fest   Und dann die anderen jungen Leute, vor allem Schlieker und Mommsen, die während des Krieges immer wichtiger wurden. In der Rüstungsindustrie hat er mit diesem Personal seine Erfolge erzielt. Wie Sie wissen, Herr Siedler, war es das Prinzip, das Speer immer hochgehalten hat, daß niemand, der eine führende Position in seinem Ministerium hatte, älter als 45 Jahre sein dürfe.

Frank A. Meyer   Das klingt aber sehr modern.

Joachim Fest   Das war es auch. Das war die wichtigste Regel der Speerschen Organisation. Er hat damals gesagt, die alten Herren bekommen irgendwelche Ehrenposten, da können sie Frühstücksdirektoren sein oder so etwas.

Keiner von den Männern, die die erste oder zweite Republik prägten, stammte aus dem traditionellen Bürgertum. Fast alle kamen
aus Familien, die nicht der alten Führungsschicht angehört hatten;
sie prägten ihre Epoche aber durch ihre Persönlichkeit. Konrad Adenauer, der seine Zeit in solchem Maße bestimmt hatte, daß man
von der »Epoche Adenauers« spricht, wird als typischer Bürger gesehen, aber sein Vater war der erste in der Familie, der sein Abitur gemacht hatte, und keiner seiner Vorfahren war ein Bürger im Sinne
der letzten Jahrhunderte.

Wolf Jobst Siedler Speer sagte wirklich, keiner der wichtigsten Manager in seinem Ministerium dürfe älter als 45 Jahre sein. Wenn es sich so ergab, daß exzellente Leute fünfzig oder sechzig waren, mußten ihre Stellvertreter unter 30 sein. Der Mythos der Jugend hat nicht nur die Ideologie geprägt, sondern auch die Praxis, auch die Realität. Man darf nicht vergessen, daß dieses Prinzip auch für die Politik galt. Hitler war wenig über vierzig, als er Reichskanzler wurde, Goebbels war siebenunddreißig, Göring neununddreißig Jahre und die Gauleiter auch nur zwischen dreißig und vierzig. Es war wirklich eine Jugendrevolte, was besonders in die Augen fällt, wenn man an all die Siebzigjährigen denkt, die nach 1945 an die Macht kamen, mit dem dreiundsiebzigjährigen Adenauer an der Spitze.

Frank A. Meyer Wenn wir jetzt Speers Persönlichkeit und seine Rolle umrissen haben, welchen Schluß kann man aus dem ziehen, was mit Ihrem Buch und Breloers Film angestoßen worden ist? Was muß ein bürgerlicher Mensch daraus lernen?

Joachim Fest Aus der Figur Speer?

Frank A. Meyer Ja.

Joachim Fest Zuerst einmal ist er der Architekt mit einer großen Aufgabe. »Ihr Mann wird für mich Bauten errichten«, sagte Hitler zu Margarete Speer, »wie sie seit dem alten Rom oder dem alten Ägypten nicht geschaffen worden sind.« Speer sagte zu Siedler und mir, daß ihm bei solchen Sätzen schwindlig geworden sei.

Frank A. Meyer   Was lehrt uns diese Figur: der Architekt Speer?

Joachim Fest   Eigentlich nichts. Moralisch jedenfalls nichts, weil es durchweg Grundregeln des Zusammenlebens sind, gegen die er so gedankenlos wie anpassungsbereit verstoßen hat. Und von seinen Leistungen als eine Art Generalausstatter des Regimes ist buchstäblich nichts geblieben. Oder genauer: eines ist geblieben, der Lichtdom, den man nach dem Krieg überall wiederholt oder imitiert hat. Ich glaube, 1956 sind die Bayreuther Festspiele wieder eröffnet worden mit Wieland Wagners »Ring«, und Wieland hat das mit der Lichtregie inszeniert, die Speers Erfindung gewesen ist.

Wolf Jobst Siedler   Es ist reizvoll, die Flüchtigkeit der Lichtarchitektur mit dem Vorübergehend-Effektvollen der Speerschen Architektur in Zusammenhang zu bringen, aber ich glaube, das Lichtspektakel ist erst nach dem Kriege ins allgemeine Bewußtsein getreten. Bis dahin war es die konkrete Architektur Speers, also vor allem die Neue Reichskanzlei in der Voßstraße. Diese Reichskanzlei sah es natürlich auf Effekte ab, aber sie war außerdem noch eine eindrucksvolle Architektur in der klassischen Tradition, wenn natürlich auch in einem Neoklassizismus, der das Erbe Schinkels ins Pathetische wendete. Selbst Albert Speers Sohn, Albert Speer junior, der sonst wenig mit dem Werk seines Vaters zu tun haben will, läßt die Neue Reichskanzlei gelten, und er weist darauf hin, daß sie die Traufenhöhe der anderen Gebäude der Voßstraße und der Wilhelmstraße sehr genau eingehalten hat.

In diesem Zusammenhang fällt mir ein Gespräch mit Andy Warhol ein, den ich häufig in New York in seiner »factory« besuchte, und mitunter sind wir auch zusammen essen gegangen. Einmal sagte er, ganz unaufgefordert, daß er Albert Speer für einen der interessantesten Baumeister des Jahrhunderts halte. Ich blickte ihn konsterniert und verwundert an. Speers Reichskanzlei und die Nürnberger Bauten und daneben nun Andy Warhol: »Sie meinen natürlich die Lichtarchitektur?« Aber Warhol bestand darauf, daß er die in Stein gebaute Architektur Speers sehr bemerkenswert fände, und er bedauerte, daß das alles nach dem Kriege abgerissen worden sei, als ob Bauwerke etwas für die Taten könnten, die in ihnen geplant und organisiert worden seien. Also, offensichtlich, ist doch etwas von Speers Architektur haften geblieben, nicht nur seine Lichtarchitektur, die man heute immer zu Speers Ehrenrettung ins Feld führt.

Joachim Fest Moment, darf ich das noch zu Ende führen, was ich vorhin anläßlich meiner Abschweifung nach Bayreuth begonnen habe? Das neue Bayreuth, ohne es zu sagen, hat auf Speer zurückgegriffen. Die Inszenierungen Wieland Wagners arbeiten ja fast immer mit Lichteffekten, und seine Bühnenbilder sind ohne Speer nicht zu denken.

Wolf Jobst Siedler Nach dem Krieg hat man solche Zusammenhänge verschwiegen. Wer hat gewagt, in Erinnerung zu rufen, daß die beiden Enkel Richard Wagners, Wieland und Wolfgang, bei Adolf Hitler auf dem Schoß gesessen haben und in der Uniform der Hitlerjugend vor ihm strammstanden? Man darf dergleichen nicht überbewerten. Aber in der Welt, die Hitler so stark geprägt hat, sind die jungen Wagner-Enkel aufgewachsen, und lange Jahre gingen Gerüchte um, daß Winifred Wagner die große Liebe des »Führers« gewesen sei. Immer wieder tauchten Meldungen auf, daß Hitler ihr vergeblich einen Antrag gemacht habe. Sie hat sich ja bis zu ihrem Tod 1980 zu ihrer Freundschaft mit Hitler bekannt, den sie ihr Leben lang bei seinem Vornamen nannte, wie er sie mit zärtlicher Vertraulichkeit Winnie. Aber mit solchen Abschweifungen sind wir weit abgekommen von Ihrer Frage, was man politisch aus Speer lernen könne.

Joachim Fest Noch einmal, ich bleibe dabei: nichts. Speer ist der völlig bedenkenlose, auch wertfreie Machttaktiker, der tut, was ihm gerade zweckmäßig zu sein scheint und dessen Ehrgeiz keine Grenzen kennt. Er war verbindlich, liebenswürdig, kultiviert, und er war zugleich absolut wertfrei in seinen Entscheidungen. Er war der Typus des modernen Managers. Wir haben heute – wir wollen uns nicht moralisch erheben – diesen Typus überall zu Tausenden.

Frank A. Meyer Herr Siedler, was würden Sie einem jungen Menschen sagen, der mit folgender Frage zu Ihnen kommt: »Sie haben Speer gekannt, Sie haben mit ihm Bücher gemacht, was sagen Sie mir als Zwanzigjährigem, was kann oder muß ich aus seiner Gestalt und aus seinem Werk lernen?«

Wolf Jobst Siedler Speer ist vielleicht darin repräsentativ, daß er das Ende der bürgerlichen Verhaltensweise in seiner Person vorführt. Er ist, schon in seinem Auftreten und in seinem Gehabe, unverkennbar ein Bürger, aber das alles ist nur oberflächlich, hinter der bürgerlichen Fassade verbirgt sich ein zutiefst unbürgerliches Denken und Handeln.

Frank A. Meyer Gut, das ist eine Analyse. Aber worauf soll der junge Mensch, der Sie fragt, Herr Siedler, achtgeben? Was soll er lernen?

Wolf Jobst Siedler Ich glaube, man kann aus Speers Figur gar nichts lernen.

Joachim Fest Oder nur das Falsche.

Frank A. Meyer Ich denke, man kann doch lernen, daß man sich für die Demokratie, für die freie und offene Gesellschaft engagiert, daß man nicht völlig inhaltsleer vor sich hin lebt, allein Karriere und privates Wohlbefinden im Kopf. Sie haben ja gesagt, daß man als Bürger Werte hat. Das kann man doch lernen, das muß man ja lernen, weil es einem nicht in die Wiege gelegt wird.

Joachim Fest Herr Meyer, wir wollen uns doch aber auch vor Naivität schützen. Glauben Sie, daß jemand das Leben Speers betrachtet und sagt:»Also gut, ich muß Werte haben, muß sie entwickeln, muß sie pflegen, dahinter hat meine Karriere zurückzustehen.« Das tut doch kein Mensch.

Frank A. Meyer Ich könnte mir schon vorstellen, daß jemand, der diese Figur sieht, sich überlegt:»Verdammt noch mal, der hat seine Werte überhaupt gar nicht entwickelt, hat sich in der demokratischen Weimarer Gesellschaft nie engagiert...« Die Leute lesen doch Ihr Buch über Albert Speer nicht und legen es dann gedankenlos weg.

Joachim Fest Und richten dann ihr Leben danach? Wollen Sie das behaupten? Nein, die einzige Lehre kann lauten, das Aufkommen von Verhältnissen, wie sie in den Hitlerjahren herrschten, im vorhinein zu verhindern.

Frank A. Meyer Nein, wir wollen nicht pathetisch oder ironisch werden, aber, bitte, eine gewisse historische Lehre kann man aus seiner Figur doch ziehen.

Wolf Jobst Siedler Man scheut sich immer, die Figur Hitler ins Feld zu führen, aber man darf den Urheber der deutschen – und wenn Sie so wollen, der europäischen – Katastrophe nicht aus Angst vor einer Überbewertung Hitlers aus den Augen verlieren. Wahrscheinlich war die Zeit des Bürgertums abgelaufen, und nach der aristokratischen und der bürgerlichen Epoche sollte nun etwas

Theodor Eschenburg gehörte nun wirklich einer großbürgerlichen Familie Lübecks an. Nach dem Studium der Geschichte und Nationalökonomie wurde er Mitarbeiter des Reichskanzlers Gustav Stresemann und rettete sich über die Zeit des Dritten Reiches als Geschäftsführer wenig bedeutender Wirtschaftsverbände. Nach dem Krieg wurde er zuerst Flüchtlingskommissar und nahm dann eine Professur für Staatsrecht an der Universität Tübingen an. Größere Bedeutung erlangte Eschenburg aber als Graue Eminenz und Berater der ZEIT, der er jahrzehntelang nahestand.

anderes kommen. Die Arbeiterwelt war es ganz ohne Zweifel nicht, eine proletarische Kultur, wie die sowjetische Revolution sie erträumte, hat es nie gegeben. Die Linken mochten ursprünglich an eine sozialistische Kultur geglaubt haben, die Rechten an die Aufhebung aller Schranken zwischen den Klassen. Diese Eruption von Gewalt, die das Dritte Reich vorgeführt hat, wäre ohne Hitler nicht möglich gewesen, ohne diesen Kleinbürger aus Linz, dessen Vorfahren aus dem Mühlviertel kamen, dem Armenviertel der Habsburger Monarchie.

Der »Reichsmarschall« Göring wäre ohne Hitler ein geschaßter Kampfflieger des Ersten Weltkrieges geblieben, der Propagandaminister Goebbels ein unglücklicher Verfertiger von trostlosen Theaterstücken und mißglückten Romanen und der »Reichsführer SS« Heinrich Himmler ein Geflügelzüchter. Sie alle brauchten Hitler, um die zu werden, als die sie in die Geschichte eingegangen sind. Sie alle waren Inhaber einer abgeleiteten Macht. Auch Speer, um wieder zu ihm zurückzukehren, wäre ohne Hitler nichts gewesen, vermutlich ein kleiner Architekt in einer westdeutschen Stadt. Vielleicht hätte er wie sein Vater und sein Großvater in Mannheim als Stadtarchitekt eine Rolle gespielt. Speer hat mir oft erzählt, daß es in seiner Jugend ein Traum von ihm gewesen war, in Heidelberg eine wichtige Rolle zu spielen. Daß er eines Tages die »Welthauptstadt Germania« entwerfen sollte, war der wirkliche Traum, ein Alptraum, wie Speer nicht ohne Melancholie gelegentlich sagte.

Der gealterte Albert Speer, der Speer, der zwölf Jahre in der Nähe Hitlers hinter sich hatte und zwanzig Jahre in einer Einzelzelle in Spandau, hatte solche Träume natürlich längst aufgegeben. Aber an einem Traum hielt er immer noch fest: daß er für das Nachkriegsdeutschland unverzichtbar sei. Während unserer Gespräche erzählte er gelegentlich, daß es ihm wie eine Lebensversicherung vorgekommen sei, von den Verschwörern des 20. Juli auf die Liste ihrer Staatsstreichregierung gesetzt worden zu sein. Tatsächlich hatte keiner der Verschwörer mit Speer darüber gesprochen, wie er der Gestapo glaubhaft versichern konnte. Es muß für Speer eine große Überraschung und Enttäuschung gewesen sein, daß niemand an ihm interessiert war, nicht die Alliierten, nicht der neue deutsche Staat und auch nicht die Industriellen bei ihrem Wiederaufbau der zerstörten Städte und der ruinierten Industrie. Man kam durchaus ohne ihn aus, wenn sich auch seine ehemaligen Mitarbeiter während seiner zwanzig Jahre in Spandau nobel erwiesen und einen Fond gründeten, in den sie Monat für Monat ein paar Hundert Mark einzahlten, um Margarete Speer ein bürgerliches Leben zu ermöglichen und den sechs Kindern ihre Ausbildung und später ihr Studium zu finanzieren.

Wir sollten uns aber nicht allzu sehr auf Speer kaprizieren. Unser wirkliches Thema geht doch viel weiter: Was war das Bürgertum? Und was ist es heute?

Frank A. Meyer Also sprechen wir jetzt von der Nachkriegsgesellschaft der Bundesrepublik. Was sind eigentlich die unverzichtbaren Elemente einer bürgerlich-demokratischen Gesellschaft? Mir fällt etwas auf: Vorhin äußerten Sie eine gewisse Herablassung der sogenannten Massengesellschaft gegenüber; andererseits stelle ich fest, daß diese erste deutsche Demokratie, die jetzt schon oder auch erst über ein halbes Jahrhundert dauert, vom Kleinbürgertum getragen wird.

Wolf Jobst Siedler Das ist mir immer wichtig gewesen. Die tragenden Schichten der alten Gesellschaft haben ihre Rolle ausgespielt. Die Aristokratie taucht hauptsächlich in Blättern wie der »Bunten« oder der »Gala« auf, selbst aus der Armee ist der Adel weitgehend ausgeschieden. In der Gesellschaft spielt der Adel nur noch eine dekorative Rolle, die nicht ohne Peinlichkeit ist. Man muß sich nur die Rubriken der Zeitungen ansehen, in denen das Society-Personal tonangebend ist. Es sind »die Reichen und die Schönen«, wie es immer bei den Gesellschaftsjournalisten heißt, aber Bürger sind das doch nicht mehr. Man muß sich hüten, daß man nicht aus einem gewissen Wohlstand und adretten Kleidern den Schluß zieht, das sei das neue Bürgertum. Zum Bürgertum gehört auch so etwas wie Dauer.

Frank A. Meyer Die Menschen, die bei Neckermann ihre Reisen buchen und ihren Urlaub in einem Ferienort des Massentourismus machen, sind weiß Gott nicht in Ihrem Sinne bürgerlich.

Wolf Jobst Siedler Auch das Personal der ersten Nachkriegszeit kommt ja aus dem Kleinbürgertum, die Landwehrmajore, die Landräte Ostelbiens, die Reserveoffiziere, die in der ersten Republik eine so große Rolle gespielt hatten, sie alle gibt es jetzt nicht mehr. Nun kommt das Personal aus einer anderen gesellschaftlichen Schicht, wobei ihre Tüchtigkeit vielleicht gerade daher kommt. Adenauer, Erhard, Gerstenmaier, Speidel – keiner von ihnen gehörte dem traditionellen Bürgertum an, geschweige denn dem Großbürgertum. Oft waren sie die ersten in ihren Familien, die das Abitur gemacht hatten.

Frank A. Meyer   Ich glaube, die demokratische Gesellschaft braucht ein tüchtiges Kleinbürgertum.

Joachim Fest   Finde ich auch.

Wolf Jobst Siedler   Ja, völlig richtig, wobei man korrekterweise nicht vom Kleinbürger, sondern vom Mittelstand sprechen soll.

Joachim Fest   Nicht nur tüchtig soll er sein, sondern auch staatstreu.

Frank A. Meyer   Sagen wir doch lieber demokratietreu.

Joachim Fest   Einverstanden. Der Weimarer Republik ist durch die Kriegsanleihen, die Inflation und durch die Weltwirtschaftskrise dieses wirtschaftliche Fundament von Bürgertum und Kleinbürgertum verloren gegangen, und damit war dieser Staat in seinen Grundfesten erschüttert. Auf den Adel, das Großbürgertum und die Intellektuellen kann eine Demokratie notfalls verzichten. Sie sind, jeder zu seiner Zeit, wichtig, aber für die Stabilität des Staates sind die Mittelschichten, wenn Sie wollen, die Kleinbürger, entscheidend. Und in diesem Sinne kann man sie Bürger nennen. Adenauer ist ein richtiger Bürger, ganz gleich, ob seine Familie drei oder fünf Generationen tonangebend war, Erhard ist ein Bürger, wenn ihn auch die Großbürger ein wenig über die Schulter angesehen haben, aber er spielt eine entscheidende Rolle in der Fundamentierung der deutschen Gesellschaft nach dem Zweiten Weltkrieg. So steht es auch mit den anderen Repräsentanten des Staates von Bonn, der nun plötzlich der Staat von Berlin ist.

Frank A. Meyer Für mich ist es interessant, daß das solide und tüchtige deutsche Kleinbürgertum, also der Mittelstand der deutschen Konsumgesellschaft, sogar Eingang in die große Literatur gefunden hat: Martin Walser beschreibt diese Welt, ist Dichter und Chronist dieser Schichten, und zwar ohne jede Herablassung. Er gewinnt ihnen das Leben ab, das er für seine Romane benötigt. Und wir erkennen uns doch alle in gewissen Walser-Figuren.

Wolf Jobst Siedler Er selber ist ja ein typischer Vertreter des Mittelstandes, ist kein wirklicher Bürger und schon gar nicht ein Vertreter der Arbeiter.

Joachim Fest Ja, die Eltern haben ein Wirtshaus betrieben.

Wolf Jobst Siedler Das gilt auch für die Literatur der zweiten Nachkriegszeit. Hans Schwab-Felisch hat damals im

»Monat« einen exzellenten Essay mit dem Titel »Die Literatur der Obergefreiten« geschrieben. Die Literatur der ersten Nachkriegszeit wurde von den Leutnants der kaiserlichen Armee geschrieben, von Ludwig Renn (der eigentlich Arnold Friedrich Vieth von Golßenau war) und Ernst Jünger, dem Autor des Kriegsbuches »In Stahlgewittern«, das André Gide das bedeutendste literarische Zeugnis des Weltkrieges nannte. Nach dem zweiten Krieg waren es bestenfalls Obergefreite, um nur Heinrich Böll und Günter Grass als Repräsentanten zu nennen.

Joachim Fest   Wenn man ironisch sein will, könnte man sagen, daß Sie, Herr Siedler, auch deshalb mit dieser Literatur nichts anfangen konnten. Sie ist Ihnen zu kleinbürgerlich.

Wolf Jobst Siedler   (lacht)

Frank A. Meyer   Lassen Sie mich eine ganz ernsthafte Frage an Sie stellen, Herr Fest: Könnte es sein, daß die Demokratie zum ersten Mal auch das deutsche Kleinbürgertum erfaßte, oder eben den Mittelstand?

Joachim Fest   Ja, das ist ganz sicher so. Man kritisiert ja heute sehr häufig den restaurativen Charakter dieser fünfziger Jahre, oder sagen wir der ersten Phase dieser Bonner Republik, also solange Adenauer an der Macht war. Ich finde das ganz falsch, denn Adenauer hat wirklich gewisse Pfeiler wieder eingezogen in die deutsche Gesellschaft, nachdem durch die Nazijahre aller Grund schwankend geworden oder verlorengegangen war. Restauration war sozusagen das Gebot der Stunde – sofern sie nicht in Erstarrung überging. Die Bundesrepublik hat drei Gründungsväter, habe ich einmal gesagt, und alle drei spielen eine ganz wichtige Rolle: politisch Adenauer, das ist unverkennbar, Ludwig Erhard hat das Vorurteil der Deutschen beseitigt, daß Demokratie oder Freiheit auf der einen und Wohlstand auf der anderen Seite niemals zusammengehen können, es ende immer im Chaos, in der Verarmung und in Not. Und der dritte Gründungsvater, als Randnote, das war Fußballtrainer Sepp Herberger, 1954 in Bern. Er hat die Deutschen mental beschwichtigt oder sie gelehrt, mit ihrem Trauma halbwegs zurechtzukommen. Das sind die drei Gründungsväter der Bundesrepublik, aber ich glaube die wichtigste Rolle hat dabei Ludwig Erhard gespielt, natürlich vereint mit Konrad Adenauer. Dieses erste Kabinett hat die bürgerlichen Werte einigermaßen restauriert, übrigens zum großen Ärger der Intellektuellen.

Frank A. Meyer   Im Grunde genommen ist ja der Aufbau der deutschen Demokratie und des Rechtsstaates – man müßte die beiden Begriffe eigentlich immer zusammen nennen – ein phantastisches Experiment gewesen: Aus einem die Welt eben noch zerstörenden und verstörenden Land wurde in wenigen Jahrzehnten eine friedliche, höchst zivile und zuverlässig demokratische Nation, allerdings zunächst nur in der westlichen Bundesrepublik. Zugrunde lag dieser Entwicklung ein in so kurzer Zeit von niemandem für möglich gehaltener

Prozeß der Integration, auch der Integration der Arbeiterschaft.

Wolf Jobst Siedler Und der Vertriebenen und Flüchtlinge, insgesamt mehr als zwölf Millionen Deutsche aus den verlorenen Ostgebieten, aus Ostpreußen, aus Westpreußen, aus Schlesien, aus Pommern und aus der Neumark jenseits der Oder.

Joachim Fest Das war doch ein gewaltiger Brodeltopf, dieses Restgebilde. Aus Ost- und Westpreußen, Pommern und aus den sudetendeutschen Gebieten der ehemaligen Tschechoslowakei kamen die Flüchtlinge. Sie alle wurden auf dem kleinen Raum der gerade entstehenden, in Trümmern liegenden Bundesrepublik zusammengedrängt. In der Anfangszeit ging alles drunter und drüber. Und da haben die Deutschen mit immensem Fleiß und großer Selbstdisziplin den Aufbau gewisser sowohl wertmäßiger wie politischer Strukturen begonnen und zu aller Überraschung entstand ein Staat daraus. Aus dieser Restmasse des Dritten Reiches gelang in unvorstellbar kurzer Zeit ein Staatswesen, das ein friedliches Zusammenleben mit den anderen Völkern wieder möglich machte. Die Herrschaft des Rechts war das entscheidende Moment dabei. Das Bundesverfassungsgericht – das Reichsgericht der Weimarer Zeit war etwas ganz anderes gewesen – war eine Leistung, die die Bonner Republik erbracht hat. Es mutet mich noch heute an wie ein Wunder, was damals alles gelungen ist. Wenn ich an die Gespräche denke als junger Mann, gerade 18 Jahre alt im Kriegsgefangenenlager, wo man über die Zukunft Deutschlands sprach, dann gaben alle dem aus der totalen Niederlage entstehenden Land eine trostlose Prognose. Man sah die sehr lange Dauer der Besatzung durch die Alliierten fast als Chance für die Deutschen. »Entweder wir sind immer besetzt, oder es geht alles im Chaos unter. Hoffentlich bleiben wir besetzt«, sagten die Zyniker. Kaum jemand hatte das Zutrauen, daß aus diesem Staat irgend etwas werden könnte.

Frank A. Meyer   Herr Fest hat gesagt, es ging in Deutschland in diesen ersten Jahren drunter und drüber. Das Chaotisch-Libertäre ist aber geradezu ein Wesensmerkmal einer lebendigen Demokratie. Als Schweizer hatte ich vor dreißig Jahren Bedenken, die Deutschen könnten es wieder einmal zu ordentlich machen. Als libertärer Citoyen bin ich der Überzeugung, daß die Demokratie immer das Drunter und Drüber braucht.

Joachim Fest   Dafür haben wir unsere Intellektuellen.

Frank A. Meyer   Wozu Sie gehören, Herr Fest.

Joachim Fest   Das war ein zynischer Einwurf, Herr Meyer, den Sie vorhin untersagt haben.

Frank A. Meyer   Das ist ein Kompliment. Herr Siedler, Sie tauchten nach dem Krieg zusammen mit Ihrer Gattin tief ins intellektuelle und künstlerische Berlin ein. Haben Sie sich damals schon vorstellen können, daß aus dieser Nachkriegswirklichkeit ein solides demokratisches Gemeinwesen erwächst? Daß daraus wird, was wir heute noch leben und ja auch genießen?

Wolf Jobst Siedler Das konstituierende Element war natürlich die Bedrohung durch die Sowjetunion. Die traditionelle SPD hatte ja andere Vorstellungen, das sieht man an dem braven Ollenhauer, der noch immer marxistisch-doktrinär war. Aber diese erste Generation der SPD wurde sozusagen abgelöst, mit dem »Godesberger Programm« entstand eine völlig neue SPD, die gar nicht so weit entfernt war von der CDU, in der ja auch noch sozialistische Ideen herumspukten, wie das Ahlener Programm zeigt, der Flügel um Karl Arnold, der lange an sozialistischen Komponenten festhielt und den Adenauer mit dem größten Mißtrauen beobachtete. Das war Adenauers große Sorge, sein leidenschaftlicher Kampf gegen den linken Flügel der Union.

Joachim Fest Mein Vater sagte mir Anfang der fünfziger Jahre, er habe zweimal im Leben seine politischen Freunde verloren. Zuerst, im März/April 1933, als das große Überlaufen einsetzte. Doch er blieb der altmodische Republikaner und ließ sich nicht von den Erfolgen der Nazis bestechen. Damals prägte er über seine ehemaligen Freunde das Wort der »Auf-die-andere-Straßenseite-Geher«. Bei der Zwangsvereinigung von Kommunisten und Sozialdemokraten in der Ostzone machte er die Erfahrung, daß weitere Freunde ihn verließen, und hat für sich gedacht: »Das kann wieder nicht gutgehen.« Das ist

Ernst Reuter, Sohn eines Kapitäns, geriet als Soldat des Ersten Weltkrieges in russische Gefangenschaft, wo er sich der revolutionären Partei Lenins anschloß. Nach der Rückkehr nach Deutschland trennte er sich jedoch von dieser radikalen Phase seiner Jugend und wurde Mitglied der Sozialdemokratischen Partei. Von 1931 bis 1933 war er Oberbürgermeister von Magdeburg, wurde dann aber immer wieder verhaftet, so daß er schließlich in die Türkei emigrierte. Zurückgekehrt nach Deutschland wurde er Oberbürgermeister und nach dem Inkrafttreten der neuen Berliner Landesverfassung 1951 erster Regierender Bürgermeister. Er organisierte die berühmten Freiheitskundgebungen vor dem ausgebrannten Reichstagsgebäude.

das Gefühl vieler Beobachter gewesen, auch Willy Brandt war damals pessimistisch und viele andere ebenso. Es kam auch die von Herrn Siedler erwähnte Bedrohung aus dem Osten noch dazu, die ständige Sorge, daß der Westen unterwandert werde. Man hielt nicht nur einen neuen Krieg für möglich, sondern auch den inneren Zerfall der gerade entstehenden Bundesrepublik.

Frank A. Meyer   Als engagierter Citoyen läuft man Gefahr, mit einer Überzeugung oder mit einer Kritik plötzlich in seiner Umgebung allein zu sein – allein auf weiter Flur. Mir passiert das in der Medienszene immer wieder. Und es ist selten nur angenehm. Aber so ist doch der bürgerliche Individualismus. Anstrengend ist er.

Joachim Fest   Nein, warum? Das finde ich nicht. Warum denn? Ich habe früh gelernt zu denken, man dürfe nicht unglücklich darüber sein, allein zu stehen. Warum soll das besonders anstrengend sein? Wenn Sie so wollen, habe ich bürgerlichen Mut zu sich selber noch erlebt, und Herr Siedler hat das auf seine Weise ebenfalls erfahren. In dieser Vereinzelung, in der die Bürger in der nationalsozialistischen Gesellschaft lebten, war es die eigene Familie, die eine Zuflucht darstellte. Mein Vater hat als »Reichsbanner«-Führer gleich 1933 seinen Beamtenstatus verloren. In solcher Vereinzelung hat er uns Kinder, die drei Söhne jedenfalls – nicht die Töchter, die waren zu jung – immer in alles eingeweiht, was er politisch dachte, weil er das Gefühl gehabt hat, er müsse einen Platz haben, wo er offen reden könnte. Und damit hat er, und das ist der entscheidende Punkt, ein Verschworenheitsgefühl bei seinen Söhnen geweckt, das ihn für alles entschädigt hat, was er an Isolierung in Kauf nehmen mußte. Wir gegen alle Welt, das war das beherrschende Gefühl, und das war vielleicht ein bürgerliches Gefühl.

Frank A. Meyer Ich meine noch etwas anderes: Ich meine, daß ich als Bürger Verantwortung trage für das, was gesellschaftlich, was politisch geschieht. Ja, ich trage als Bürger gewissermaßen eine persönliche Verantwortung. Würden Sie das auch so sehen?

Joachim Fest Ja, durchaus. Aber in einer Diktatur wie dem NS-Regime laufen Sie damit ins Leere.

Frank A. Meyer Also, ich kann mich beispielsweise nicht von einer Partei auffangen lassen. Ich habe keine Rückfallposition, die mich der Verantwortung enthebt.

Wolf Jobst Siedler Das ist ganz ohne Zweifel richtig, ähnlich standen die Dinge im Falle meines Vaters. Er konnte in seinem Wirtschaftsverband nicht offen sagen, was er dachte. Worauf läuft das aber hinaus, was wollen Sie damit sagen?

Frank A. Meyer Was ich damit sagen will? Daß es für junge Menschen, die in eine bürgerliche Verantwortung hineinwachsen, nicht unanstrengend ist, dieser Verantwortung auch gerecht zu werden.

Joachim Fest   Es ist nicht nur für junge Menschen anstrengend, es ist auch für Menschen mittleren Alters anstrengend. Aber es ist, wie ich schon sagte, eine Anstrengung, die zum Wesen des Daseins gehört.

Frank A. Meyer   Bürger sein ist auch Arbeit.

Joachim Fest   Und vielleicht gibt es deswegen keine Bürger mehr, weil das dem einzelnen zuviel abverlangt. Und es bezeichnet geradezu unsere Zeit, daß sich niemand etwas abverlangt.

Frank A. Meyer   Ich behaupte, es gibt den Bürger wieder, und es wird ihn auch in Zukunft geben. Aber ich komme jetzt zu der Gefährdung des Bürgertums, zum Populismus, unbesehen ob von rechts oder von links: Er gewinnt in Europa an Stärke, an Einfluß. Das ist für mich eine der ganz großen Gefährdungen: Der Populismus beutet Stimmungen aus und bietet Stimmungen an, denen sich die Menschen ergeben können. Wer einem Populistenführer folgt, hat eben wieder einen Führer, der für ihn denkt und handelt. Sehen Sie solche Bewegungen auch als Gefahr?

Joachim Fest   Keine conditio humana. Ich bin der Auffassung, die Welt ist so unendlich kompliziert geworden, daß die meisten sagen, ich kann nichts daran ändern, die Regierung kann nichts daran ändern, eine Weltregierung könnte nichts daran ändern, der liebe Gott kann nichts daran ändern, den gibt es nämlich nicht mehr, der ist spätestens seit Hegel abgeschafft. Warum hat es dann Sinn, daß ich mich noch für irgend etwas engagiere? Darin liegt eine große Gefahr.

Wolf Jobst Siedler Im Grunde sehe ich das genauso oder doch sehr ähnlich. Für wen etwa ist das Christentum noch das tragende Element? Vier bis fünf Prozent der Bevölkerung gehen am Sonntag zum Gottesdienst, und selbst die wichtigsten christlichen Feiertage, Ostern, Pfingsten und Weihnachten, sind ja substanzentleert, werden zumeist nur als Ferientage wahrgenommen, was man sehr deutlich sieht, wenn die Gewerkschaften gegen ihre Abschaffung protestieren. Man kämpft um den Erhalt arbeitsfreier Tage, aber die religiöse Bedeutung dieser Feiertage kennt man meist nicht mehr. Als ich als Siebzehnjähriger während meiner Frontbewährung nach Italien kam, fiel mir als erstes auf, daß am Sonntag die Soldaten unter Führung ihrer Offiziere morgens in die Messe gingen. Heute geht, bis auf den äußersten Süden des Stiefels und Siziliens, niemand mehr zur Messe, und auch das gehört zur Entchristlichung der Gesellschaft.

Joachim Fest Ich glaube tatsächlich, daß es eine Schwierigkeit des Bürgerseins gibt, Bürger sein ist an sich schwierig – es steckt sehr viel Anforderung dahinter.

Frank A. Meyer Es ist anspruchsvoll.

Joachim Fest Ja, anspruchsvoll, weil die Welt so kompliziert ist und die Politik so wenig ausrichtet. Ich habe gestern mit einem Politiker gesprochen, als ich von Frankfurt nach Hamburg flog, und er sagte mir, wir bekommen keinen Nachwuchs mehr, es kommen keine begabten jungen Leute mehr zu uns. Ich spreche mit Dutzenden von jungen Leuten und möchte sie dazu bekehren, doch irgendwann in die Politik zu gehen, aber sie antworten: »In die Politik? Sind Sie noch zu retten, was soll ich in der Politik? Ich habe nicht die geringste Lust dazu. Da besteige ich lieber die Alpen.«

Frank A. Meyer   Wenn dieser Befund zutrifft, dann ist die bürgerliche Demokratie tatsächlich sehr gefährdet.

Joachim Fest   Herr Meyer, Peter Glotz hat mir vor rund zehn Jahren, als er als Geschäftsführer der SPD zurücktrat und sich dann auch politisch immer mehr absentierte, die Erfurter Universität aufbaute und später in die Schweiz nach St. Gallen ging, gesagt, er sähe keine Zukunft in der Politik mehr, er sähe keine jungen Leute mehr, zumindest nicht in seiner Partei. Er sprach nur für seine SPD, aber von der CDU hört man dasselbe.

Frank A. Meyer   Ich habe das Problem einmal so umrissen: Der bürgerliche Mensch ist jemand, der über das Private hinausgreift, der mit seinen Interessen nicht dort aufhört, wo er seine Karriere gemacht und seine privaten Lebensumstände wohlgeordnet hat, der politisch in die Gesellschaft eingreifen will. Hat sich diese auch aufs öffentliche Interesse ausgerichtete Lebenshaltung in den europäischen Demokratien überlebt? Herr Siedler, nach den Worten von Joachim Fest ist die Demokratie jetzt in einer gefährlichen Situation. Sehen Sie das ähnlich?

Wolf Jobst Siedler   Ja, das würde ich auch so sehen.

Frank A. Meyer   Und was tun wir dagegen?

Wolf Jobst Siedler   Ich meine, was Herr Fest sagte, daß sich niemand mehr in der Politik und für die Politik engagieren will, das gilt ja schon für unsere Generation nach dem Krieg. Wer von unseren Freunden ging noch in die Politik?

Joachim Fest   Vorhin habe ich meinen frühen Überdruß an der Politik formuliert und gesagt, daß ich meinen Umzug von Berlin nach Hamburg als Motiv nahm, der Politik den Rücken zu kehren. Aber im Grunde wäre das ein zu äußerliches Motiv. Ich wollte mein eigenes Leben führen.

Frank A. Meyer   Es sind ja stets nur wenige, die sich in der Politik engagieren. Aber es ist eine kritische Masse solcher Bürgerinnen und Bürger nötig, damit die Demokratie lebt und resistent gegen Anfechtungen bleibt. Haben Sie das Gefühl, diese kritische Masse ist heute unterschritten?

Joachim Fest   Das würde ich sagen. Ich überlege jetzt zum ersten Mal – das ist ja auch bezeichnend, daß ich das erst im Rahmen unseres Gespräches tue –, wer von meinen Freunden und Bekannten in die Politik ging.

Wolf Jobst Siedler Ihr Bruder Winfried war in der politischen Sphäre engagiert, und er blieb dort bis zu seinem frühen Tod.

Joachim Fest Winfried ist schon vor mehr als zehn Jahren gestorben. Wenn wir die junge Generation im Auge haben, weiß ich keinen einzigen Namen zu nennen. Es kann sein, daß ich jetzt ein bißchen begriffsstutzig bin, aber mir fällt keiner ein, und das halte ich für ein bedenkliches Zeichen.

Frank A. Meyer Vielleicht hat das mit der totalen Ökonomisierung unserer modernen Gesellschaft zu tun. Das Primat der Ökonomie schwächt natürlich die Politik. Die Politik muß das Ganze im Auge behalten, die Ökonomie ist nur ein Teil des gesellschaftlichen Ganzen, aber sie sieht sich plötzlich als das Ganze, als die herrschende, die alles andere beherrschende Macht. Das ist fatal. Aber die Frage ist, ob die totale Ökonomisierung gestoppt werden kann. Wenn es nicht gelingt, werden die Demokraten entmachtet. Es sind bei den Bürgerinnen und Bürgern ja heute schon weitverbreitete Gefühle der Ohnmacht zu beobachten. Die Ökonomie droht mit ihren Gesetzen des Marktes zur totalen Macht zu werden. Bis zur totalitären Macht ist es dann nicht mehr weit.

Joachim Fest Aber was könnte man dagegen tun? Die herausragende Eigenschaft eines Politikers hat ja jahrelang vor allem darin bestanden, Nöte oder Notgruppen zu erfinden und seine Heerhaufen dafür zu sammeln. Wenn einer das konnte, machte er unweigerlich eine Parteikarriere. Das war der Beginn der Ökonomisierung der Politik, und das war lange vor der Globalisierung. In der Bundesrepublik beginnt das Ende der sechziger, Anfang der siebziger Jahre. Da hat man nur noch darauf geachtet, wo es eine notleidende Minderheit gäbe: »Wo finde ich die schönen armen Menschen, die ich mobilisieren kann?« Da hat sich ein Paradigmenwechsel ereignet. Und das wird auf Jahrzehnte so bleiben. Es gibt nichts mehr zu verteilen. Damit muß die Politik auf einmal zurechtkommen.

Frank A. Meyer Aber Sie können ja nicht alles zum Fehler der Politik erklären. Die Politik im Sinne von »politique politicienne« ist der Veränderung der Gesellschaft oft auch ausgeliefert.

Joachim Fest Nein, ich würde sagen, das war in den siebziger Jahren nicht so. Das hat sich die Politik in erheblichem Maß selbst zuzuschreiben.

Frank A. Meyer Aber die Globalisierung gab es so nicht, die gibt es erst seit den neunziger Jahren.

Joachim Fest Ja, eben. Und jetzt ist die Wirklichkeit dabei, die Politiker beim Wort zu nehmen und zu sagen, jetzt gibt es wirkliche Nöte. Die Epoche auf der Insel der Seligen ist vorüber. Und schon geraten wir in große Schwierigkeiten. Das ist aber erst eine Entwicklung der letzten zwanzig Jahre.

Wolf Jobst Siedler Man muß der kommenden Entwicklung nüchtern ins Auge sehen. Alle Fachleute sagen, daß die Arbeitslosigkeit keine konjunkturelle, sondern eine strukturelle Erscheinung ist, die mit der Erholung der Konjunktur, mit einem neuen Aufschwung nicht beseitigt werden wird. Demnach muß man von einer Sockelarbeitslosigkeit von zwei oder drei Millionen ausgehen, die sich durch ein Anziehen der Konjunktur nicht beseitigen lassen wird. Darüber spricht niemand gern, vor allem nicht die politische Klasse, denn das verschreckt ihre Wähler. Aber die Vollbeschäftigung war wohl an die klassische Industrie gebunden, wie sie in der Kaiserzeit und im Dritten Reich die Wirtschaft prägte. Doch in der Dienstleistungsgesellschaft, wie sie seit einiger Zeit heraufzieht und in den kommenden Jahrzehnten das ganze Land prägen wird, wird es keine Vollbeschäftigung mehr geben, die Arbeiterheere, wie sie die Kaiserzeit oder das Dritte Reich prägten, gibt es nicht mehr. Das ist das wirkliche Zukunftsproblem, was sicherlich auch mit Erscheinungen wie der Automatisierung zu tun hat. Autofabriken beschäftigten früher Zehntausende von Arbeitern, heute aber schaffen wenige Tausend Arbeitskräfte das Vielfache der Wagen, für die einst jene Arbeitsheere erforderlich waren. Das ist eine der Herausforderungen der Gegenwart und der Zukunft, von denen selten jemand zu sprechen wagt.

Frank A. Meyer Wenn wir den Armutsbericht lesen, den es ja nicht nur aus der Bundesrepublik gibt, sondern von allen europäischen Ländern und weit über das alte Europa hinaus, dann scheint heute die Gefahr der Verarmung fast global zu sein: Der Mittelstand wird ärmer.

Joachim Fest Hier in der Bundesrepublik? Da liegen wir noch ein paar Jahre zurück. Aber das Problem kommt mit Riesenschritten auch auf uns zu. Im übrigen halte ich es mit dem Satz, daß wir uns unsere Statistiken am besten selbst fälschen.

Frank A. Meyer Den Satz kenne ich. Ich glaube an diese Statistik, also habe ich sie gefälscht. Die letzte derartige Studie stammt übrigens aus den USA. Auch im gelobten Land des Kapitalismus ist die Verarmung des Mittelstandes eine Realität. Meine Frage an Sie, Herr Siedler: Ist Demokratie in Deutschland ohne wirtschaftlichen Erfolg denkbar? Oder findet in der Krise die Abkehr von der Demokratie statt?

Wolf Jobst Siedler Ich frage mich, wenn Sie das auf die heutige Zeit beziehen, wie wäre das im Jahre 1800 oder im Jahre 1900 gewesen? Ist das wirklich jemals so gewesen, daß die führenden Schichten sich verantwortlich fühlten? Fühlte der Bürger um 1800 oder um 1900 sich wirklich verantwortlich für den Staat? Ist das nicht eine nachträgliche Idealisierung?

Frank A. Meyer Jetzt muß ich wieder einmal den Schweizer wie ein Kaninchen aus dem Zylinder zaubern: Ich glaube schon, daß ein ganz normaler, also ganz durchschnittlicher Schweizer sich verantwortlich fühlt für den Staat.

Wolf Jobst Siedler   Aber die Schweizer spielen eine Sonderrolle.

Frank A. Meyer   Die Schweizer glauben zwar, sie seien nicht ganz von dieser bösen Welt. Aber Sie als Deutscher dürfen das eigentlich nicht sagen.

Joachim Fest   Ohne allen Sündenhochmut sagen wir das auch nicht.

Frank A. Meyer   Kehren wir zu Deutschland zurück: In Kommentaren und Analysen wird die Demokratie-Frage in Zusammenhang mit den wirtschaftlichen Schwierigkeiten gestellt, zwar nicht negativ, aber doch als Problem. Für die Schweiz, übrigens auch für Frankreich oder England oder die skandinavischen Länder ist die Demokratie das eine, die ökonomische Situation das andere.

Joachim Fest   Ich weiß nicht, ob das in Deutschland sehr viel anders ist. Ludwig Erhard hat den Deutschen, wie ich sagte, das Vorurteil genommen, die Demokratie könne wirtschaftlich nicht funktionieren. Aber er hatte auch eine Vorstellung von der Gefährdung, die durch den Erfolg und die Sattheit kam. Daher kam seine ständige Warnung: »Maß halten«.

Frank A. Meyer   Die Politik irrte vom ökonomischen Königsweg ab?

Joachim Fest   Ja, das ist eben der Sozialstaatsirrtum. Jedes Kind, das heute geboren wird, kommt mit 80 000 Euro

Carlo Schmid, der seine Kindheit in Südfrankreich verbracht hatte, setzte sich nach dem Zweiten Weltkrieg besonders für die deutsch-französische Aussöhnung ein. Als hochgebildeter und blendender Redner spielte er im Bundestag eine bedeutende Rolle, doch der Sprung in die erste Reihe, als Kanzler oder als Bundespräsident, wofür er immer gehandelt wurde, blieb ihm verwehrt. Seine barocke Persönlichkeit machte ihn aber zu einer der farbigsten Figuren der Bonner Republik.

Schulden auf die Welt. Und jeden Tag und jede Sekunde vermehren sich diese Schulden, und der Staat tut nichts. Es tut niemand etwas – mit einigen, sehr wenigen Ausnahmen.

Frank A. Meyer Worauf ich hinaus will: Ludwig Erhard hat das Vorurteil beseitigt, die Demokratie führe wirtschaftlich zu nichts. Jetzt ist daraus für Deutschland womöglich ein Problem entstanden: Man geht plötzlich davon aus, Demokratie sei verantwortlich für ökonomischen Erfolg. Bringe sie ihn nicht, sei auch nichts los mit dieser Demokratie.

Joachim Fest Mit dem Wohlstand.

Frank A. Meyer Ich behaupte, das sieht der Schweizer anders, auch der Franzose sieht es anders. Das ist doch ein deutsches Phänomen.

Joachim Fest Das ist mangelndes Balanceempfinden. Vielleicht handelt es sich ja um ein deutsches Nationallaster. Ich denke oft, den Deutschen sei die Sicherheit wichtiger als die Freiheit.

Frank A. Meyer Ich komme auf das Bürgerliche zurück, weil Sie mir ständig so wunderschöne Stichworte liefern. Ist nicht eigentlich das Bürgerliche im tiefsten Wesen eine Sache der Balance? Des richtigen Maßes?

Joachim Fest Da sage ich uneingeschränkt: ja.

Frank A. Meyer Also wäre alles Maßlose dem Bürgerlichen letztendlich fremd...

Joachim Fest Es wäre undemokratisch. Man muß daran erinnern, daß die bürgerliche Demokratie nicht zum wenigsten die Ordnung des Kompromisses ist.

Wolf Jobst Siedler Es würde die Demokratie gefährden, die ja zu ihrem Teil auf dem richtigen Maß beruht. Wenn wir die Summen hören, die zu Adenauers Zeit von den Managern kassiert wurden, so wirkt das geradezu rührend. Hermann Abs, der in Dutzenden von Aufsichtsräten saß und ganz nebenbei noch die Deutsche Bank regierte, wäre nie auf den Gedanken gekommen, diese Summen zu kassieren, die heute jeder bessere Manager bezieht. Die Debatte über die Offenlegung der Managerbezüge würde Konrad Adenauer, Ludwig Erhard und Hermann Abs geradezu phantastisch vorkommen.

Frank A. Meyer Wir haben aber keine andere Demokratie als die bürgerliche, das wollen wir doch festhalten. Es ist undenkbar, daß es eine Demokratie jenseits der Bürgerlichkeit gibt. Alle Versuche, die Demokratie mit irgendwelchen Inhalten zu verbinden, sind gescheitert.

Wolf Jobst Siedler Die proletarische Demokratie gibt es eben nicht.

Frank A. Meyer Die Demokratie ist der Inhalt. Das klingt völlig abstrakt. Aber es ist das konkrete Wesen der Demokratie: Sie ist Form, nämlich Form der kontinuierlichen Gestaltung von Gesellschaft; im Sinne von Popper ist sie die Form für steten Versuch und Irrtum, für Wahl und Abwahl. Demokratie ist dezisionistisch: Sie entscheidet nicht, was richtig ist oder wahr, sie entscheidet, was gilt – und was gilt, ist in der Demokratie revidierbar. Viele Menschen möchten aber eine Demokratie, die etwas Inhaltliches schon mal garantiert.

Joachim Fest   Nein, hoffentlich nicht, niemals, nein.

Frank A. Meyer   Da sind wir sehr einig und haben trotzdem eine große Differenz.

Joachim Fest   Welche war das?

Frank A. Meyer   Das mit dem Faschismus und dem Sozialismus. Aber das können wir schön belassen.

Joachim Fest   Sie sind eben ein versteckter Linker.

Frank A. Meyer   Nein, ich bin kein heimlicher Linker. Ich halte die Position links der Mitte für eine Frage der Intelligenz.

Joachim Fest   Dann muß ich mir überlegen, ob es bei mir an der Intelligenz mangelt.

Frank A. Meyer   Ich sage nicht, daß die Position links der Mitte die einzige intelligente politische Einstellung sei. Ich bin auch konservativ. Ich bin wahrscheinlich in ökonomischen Dingen auf bürgerliche Weise konservativer als Sie. Ich habe in frühen Jahren ein Unternehmen mit aufgebaut. Als Unternehmer. Das gibt einen kritischen Blick auf die heillose Manager-Wirtschaft der letzten Jahre. Aber ich will eine andere Frage stellen, eine paradoxe Frage: Weil die Demokratie niemals gesichert ist, müßte sie eigentlich gesichert werden. Wie geht das?

Wolf Jobst Siedler   Es ist die Voraussetzung der Demokratie, daß sie immer gesichert werden muß.

Frank A. Meyer   Folgende Frage an Sie beide: Wenn die Menschen sich ohnmächtig fühlen dem Lauf der Dinge gegenüber, dem Weltenlauf gegenüber, kommt es zu einer Revolte? Die Revolution ist zwar auch eine bürgerliche Erfahrung. Doch können Sie beide sich vorstellen, daß es heute noch Revolten gegen ökonomische Verwerfungen gibt, bis hin zur Revolution?

Wolf Jobst Siedler   Nein. Ich glaube nicht, daß man revoltiert, weil man sich machtlos fühlt.

Joachim Fest   Wissen Sie, Globalisierung ist wie ein Naturprozeß. Man revoltiert nicht gegen eine Stufe im Entwicklungsprozeß.

Frank A. Meyer   Globalisierung ist aber keine Naturgewalt.

Joachim Fest   Doch, daß Betriebe in die Tschechei oder nach China gehen, die deutsche Bekleidungsindustrie ihre Erzeugnisse im südostasiatischen Raum herstellen läßt, in Hongkong und Umgebung oder in Singapur, daran können Sie nichts mehr ändern. Sie können nur gewisse Rahmen formulieren.

Frank A. Meyer   Nichts, was Menschen tun oder wofür Menschen verantwortlich sind, ist Naturgewalt. Das schließt sich aus. Jeder Prozeß ist gestaltbar. Natürlich findet Globalisierung statt, die Vernetzung der Welt findet statt, aber sie ist gestaltbar.

Joachim Fest   Dann müssen Sie 250 Staaten unter einen Hut bringen. Das können Sie nur mit Hilfe einer Weltregierung machen.

Frank A. Meyer   Nein, die Globalisierung ist auch auf andere Weise gestaltbar, durch internationale verbindliche Abmachungen zum Beispiel.

Joachim Fest   Und dann halten sich zwanzig Länder nicht an die Abmachungen. Was unternehmen Sie dagegen?

Frank A. Meyer   Das wird zum Teil auch schon gemacht mit Regeln für den weltweiten Handel. Märkte sind ja immer durch einen politischen Willen gestaltete Räume, sonst funktionieren sie nach dem Prinzip des Stärkeren und das kann zu fatalen gesellschaftlichen Verwerfungen führen. Ich halte es für ganz gefährlich zu sagen, die Globalisierung ist nicht gestaltbar, deshalb seien wir ihr ausgeliefert.

Joachim Fest Man muß versuchen, mit globalen Prozessen zurechtzukommen.

Frank A. Meyer Aber in dem Wort Zurechtkommen liegt schon, daß man versucht, die Globalisierung zu gestalten.

Joachim Fest Wenn Sie es so auslegen wollen, dann lasse ich Ihnen das Wort »gestalten«. Aber ich verbinde keine großen Hoffnungen damit. Was das angeht, bin ich sehr skeptisch, auch wenn wir uns den Prozessen anzupassen versuchen, gehen die Verhältnisse über uns hinweg. Mehr ist leider nicht zu sagen. Es ist mehr ein Anpassungsprozeß als ein Gestaltungsprozeß.

Frank A. Meyer Ich glaube, es kann und muß gestaltet werden. Das ist meine zutiefst bürgerliche Überzeugung. Was nicht gestaltet wird, ist nicht bürgerlich. Der Glaube an den Markt als lobender und strafender Gott ist Religion.

Joachim Fest Zehn Prozent gestaltbar, neunzig Prozent Anpassung.

Frank A. Meyer Es ist gestaltbar, und es wird durch wachsende Widerstände auch stärker gestaltet werden. Aber es gibt doch etwas Wunderbares in der bürgerlichen Welt, in der bürgerlichen Verfaßtheit von Gesellschaft: Wir leben mit dem Widerspruch, und wir tragen Widersprüche aus. Jede Diktatur suggeriert ja den Menschen: ihr könnt unbesorgt sein, wir haben die Widersprüche überwunden. Und genau das Austragen der Widersprüche ist der bürgerliche Gestaltungsprozeß.

Joachim Fest   Dieser Nachsatz ist das, was ich bezweifle.

Wolf Jobst Siedler   Das ist eine sehr optimistische Schlußwendung.

Joachim Fest   In meinem Alter kann man aber nicht mehr so optimistisch sein wie jemand in Ihrem Alter, Herr Meyer.

Frank A. Meyer   Das sage ich dann wiederum denen, die zwanzig Jahre jünger sind als ich.

Wolf Jobst Siedler   Das sage ich als bald Achtzigjähriger zu einem, der noch nicht einmal sechzig ist.

Joachim Fest   Wissen Sie, aller Widerspruch gegen das Bürgertum ist immer aus dem Bürgertum gekommen. So gesehen ist das Bürgertum ein Prinzip, das sich immer in Frage stellt, und das ist für mich die größte Leistung des Bürgertums überhaupt – Menschen hervorzubringen, die auch an ihren eigenen Positionen unablässig zu zweifeln wissen.

Frank A. Meyer   Ich füge nur hinzu: Es ist nicht nur die größte Leistung des Bürgertums gewesen – es wird auch in Zukunft die größte Leistung sein!

Bildnachweis

Archiv für Kunst und Geschichte (akg-images): S. 18, S. 39, S. 57, S. 71, S. 81, S. 93, S. 101, S. 119, S. 131

ullstein bild: S. 47, S. 108

Picture-Alliance: S. 29

© 2005 by wjs verlag, Wolf Jobst Siedler jr., Berlin
Alle Rechte vorbehalten,
auch das der fotomechanischen Wiedergabe

Schutzumschlag: Dorén + Köster
Herstellung: Utz Zimmermann, Potsdam
Druck und Bindung: Oldenbourg GmbH

Printed in Pilsen/Czech Republic
Erste Auflage

ISBN 3-937989-10-2

www.wjs-verlag.de

Malte Herwig

Eliten in einer egalitären Welt

196 Seiten. ISBN 3-937989-11-0

Die Bundesrepublik ist unter den führenden Industrieländern das einzige Land, in dem eine tief verwurzelte Abneigungen gegen alles besteht, was nur entfernt nach Elite klingt. Selbst die Einführung von Studiengebühren rüttelt in den Augen vieler am Fundament der Chancengleichheit. Warum aber haben gerade die Deutschen so große Probleme mit dem Begriff Elite?

Malte Herwigs geistreicher Essay ist ein Plädoyer für einen gelassenen Umgang mit dem Thema Elite und versucht zugleich, Denkanstöße zu geben, wie man mit der Herausforderung der Ungleichheit umgehen soll. Auch eine Demokratie, so sein Fazit, kommt nicht ohne exzellent ausgebildete Eliten aus. Das muss man im Auge behalten, wenn man sich an die Reform des Bildungswesens für das 21. Jahrhundert macht.

wjs

Eberhard Straub

Das zerbrechliche Glück

Liebe und Ehe im Wandel der Zeit

180 Seiten. ISBN 3-937989-12-9

Ist der liebende Mensch tatsächlich kaum mehr als ein »liebender Affe«, wie Soziobiologien und Verhaltensforscher in jüngster Zeit erklären? Und wird die Institution Ehe eines Tages der Vergangenheit angehören?

Eberhard Straub unternimmt einen höchst unterhaltsamen Streifzug durch die Geschichte der Ehe und der Familie und kommt zu dem Schluß, daß die Ehe trotz stetig steigender Scheidungsraten auch in Zukunft weiterbestehen wird. Denn gerade in einer Zeit rapiden Wandels gilt eine glückliche Ehe noch immer als wichtigste Voraussetzung für ein gelungenes Leben: Je unberechenbarer die gesellschaftlichen und wirtschaftlichen Verhältnisse werden, desto wichtiger sind Einrichtungen, die Dauer versprechen oder von denen doch Dauer gewünscht wird.

wjs

Anatol Gotfryd

Der Himmel in den Pfützen

Ein Leben zwischen Galizien und dem Kurfürstendamm

264 Seiten, ISBN 3-937989-04-8

»Ein bewegendes, ein wunderbares Buch. Wie konnte das gelingen: Hier läßt ein polnischer Jude mit großer Bildkraft das Idyll seiner Kindheit im östlichsten Zipfel Polens wiederauferstehen, beschreibt mit unerbittlicher Genauigkeit den Einbruch der Nazi-Deutschen und die Jahre der Verfolgung, die er nur durch mutige Helfer, durch Glück, Geistesgegenwart und irrwitzige Zufälle überlebte. Aber wie kommt es, daß er den Leser bei allem Entsetzen, bei aller Wut und Trauer immer wieder auch zum Lachen bringt? Statt Versöhnung bietet Anatol Gotfryd den Deutschen, bei denen er schließlich heimisch wurde, etwas Besseres an: den Überlebenswitz und die Weisheit eines Davongekommenen, der es sich nie leisten konnte, die Hoffnung zu verlieren.« *Peter Schneider*

wjs